中华经典藏书

许富宏 译注

鬼谷子

中华书局

图书在版编目(CIP)数据

鬼谷子/许富宏译注. —北京:中华书局,2016.1
(2023.8 重印)
(中华经典藏书)
ISBN 978-7-101-11466-9

Ⅰ.鬼… Ⅱ.许… Ⅲ.①纵横家②《鬼谷子》-注释③《鬼谷子》-译文 Ⅳ.B228

中国版本图书馆 CIP 数据核字(2016)第 000260 号

书　　名　鬼谷子
译 注 者　许富宏
丛 书 名　中华经典藏书
责任编辑　张彩梅
责任印制　陈丽娜
出版发行　中华书局
　　　　　(北京市丰台区太平桥西里 38 号　100073)
　　　　　http://www.zhbc.com.cn
　　　　　E-mail:zhbc@zhbc.com.cn
印　　刷　三河市博文印刷有限公司
版　　次　2016 年 1 月第 1 版
　　　　　2023 年 8 月第 13 次印刷
规　　格　开本/880×1230 毫米　1/32
　　　　　印张 7¾　插页 2　字数 130 千字
印　　数　225001-235000 册
国际书号　ISBN 978-7-101-11466-9
定　　价　16.00 元

前　言

　　《鬼谷子》是人类文明"轴心时代"产生的一部非常有特色的著作，是中国传统文化中一枝吐着智慧芳香的奇葩。《鬼谷子》所提供的智谋，至今仍可以广泛运用于人们的现实生活，大到如何制定军事、外交斗争的策略来处理国家之间的关系，中至如何制定企业的经营策略，小至如何处理人际关系，在方方面面具有指导意义，被称为"旷世奇书"、"智慧禁果"，深受广大人民群众的喜爱。

一

　　鬼谷子，生卒年不详，战国时期纵横家的开创者。根据横秋阁本长孙无忌《鬼谷子序》的记载，鬼谷子是"楚人"，因隐居在鬼谷而称作鬼谷先生。《史记·苏秦列传》说苏秦"东师事于齐，而习之于鬼谷先生"，这说明鬼谷子应在齐国活动过；《史记·张仪列传》也记载张仪"始尝与苏秦俱事鬼谷先生学术"。虽然《史记》的记载在史学界已受到质疑，但可见秦汉时期有观点认为鬼谷子是战国中晚期纵横家张仪和苏秦的老师。晚唐以来，民间还有鬼谷子是军事家孙膑和庞涓的老师的说法。《四库全书总目》介绍《尉缭子》时也说到尉缭子"一说"为"鬼谷子之弟子"。根据钱穆《先秦诸子系年》的推算，鬼谷子的活动年代大约在公元前390年至公元前320年之间。

　　马端临《文献通考·经籍考》引陆龟蒙的诗说："鬼谷先生，名训。"宋人李昉《太平广记》卷四引《仙传拾遗》云："鬼谷先生，晋平公时人，隐居鬼谷，因为其号。先生姓王名栩，亦居青溪山中。"明人李杰《道藏目录详注》也说:"鬼谷先生,晋平公时人,姓王名诩,不知何许人,受道于老君。"《嘉庆重修一统志》亦曰:"鬼谷子,姓王名诩,楚人。尝入云梦山采药得道。"这里说到鬼谷先生名王训、王栩、王诩等,都是道士或道教徒为了神化鬼谷子所伪托。

今传《鬼谷子》,大致是鬼谷子及其弟子集体撰著而成。其主体应为鬼谷先生亲著。在整体上,《鬼谷子》可分为三个部分:第一篇至第十一篇为一个部分;《符言》、《转丸》、《胠乱》三篇为一个部分;《本经阴符七术》、《持枢》、《中经》为一个部分。这三个部分在先秦时期是各自单独流传的。

大约到了西汉时期,刘向对《鬼谷子》进行过整理,并在标题前加上序号,如《捭阖》第一、《反应》第二、《内揵》第三、《抵巇》第四、《飞箝》第五、《忤合》第六、《揣篇》第七、《摩篇》第八、《权篇》第九、《谋篇》第十、《决篇》第十一、《符言》第十二、《转丸》第十三、《胠乱》第十四,这是《鬼谷子》成书的一个重要阶段。

到了西晋时期,皇甫谧在给《鬼谷子》作注时,《鬼谷子》已经有了三卷本的定本。这个定本一直流传至今,只是在流传过程中出现了残缺,幸运的是《鬼谷子》一书的基本内容还是保留下来了。

《鬼谷子》版本系统主要有《道藏》本系统和钱本系统。《道藏》本系统主要版本除正统《道藏》本以外,还有明代蓝格传抄《道藏》本、秦恩复乾隆五十四年(1789)刻本、《四部丛刊》本等。《道藏》本脱注者姓名,内容也多有脱误,其中《内揵》篇缺文多达四百五十余字,《揣篇》中开头一段原文五十七字误为注文,《本经阴符七术》"损兑法灵蓍"篇中也脱"而能行此者,形势不得不然也"一句,《揣篇》、《摩篇》、《权篇》三篇的题注也佚失。钱本乃清钱曾藏旧抄本,全称为"陶弘景注《鬼谷子》三卷",明署注者为陶弘景。此本即明嘉靖乙巳抄本(嘉靖二十四年，1545），乃宋本过录本，过去人们以为《鬼谷子》最早的版本乃《道藏》本，《鬼谷子》乃因《道藏》得以保存的说法是误解，而《道藏》本《内揵》篇脱文也据此本而得知。清秦恩复于嘉庆十年（1805）刊刻此本，并加校勘，即今天所见的《鬼谷子》嘉庆本。《鬼谷子》嘉庆本质量远超《道藏》本，当为今日学习宣传借用之依据。但此本也没有收录《揣篇》、《摩篇》、《权篇》三篇的题注，中华书局"新编诸子集成续编"本《鬼谷子集校集注》吸收了各家之长，并补充了近年来新的研究成果，是目前可见的最完备的本子，可以参看。

关于《鬼谷子》注者，学术界有人以为是唐代的尹知章，所据是日本皆川愿抄本《鬼谷子考阅》（清乾隆三十九年，1774）。但此本祖本为明代的《道藏》本，属《道藏》本系统。作为祖本的《道藏》本即无注者署名，何以后来的《鬼谷子考阅》反而有了注者姓名？明嘉靖乙巳抄本署名注者为陶弘景，此本据宋本过录，晁公武《郡斋读书志》明言宋代《鬼谷子》注本有陶弘景注，或此本即晁公武所录之本。晁公武所言亦与《隋书·经籍志》、《旧唐书·经籍志》、《新唐书·艺文志》相合，其渊源有自，来历十分清楚。此外，明代的其他几种著名的《鬼谷子》版本，如万历五年（1577）《子汇》本、万历三十年（1602）绵渺阁本、天启五年（1625）横秋阁本等，均题陶弘景注。其他明代版本或署名陶弘景，或未署名，从未见署名尹知章注者。所以无论从来历上看，还是从时间上看（《鬼谷子考阅》比嘉靖乙巳抄本晚近 230 年），《鬼谷子》注者为陶弘景几无疑问。这里略作陈述，不再详考。

二

在先秦诸子百家中，有人认为《鬼谷子》属于纵横家，有人认为是兵书，属于兵家。那么，《鬼谷子》到底属于先秦时期的哪一学派呢？

　　从学术的角度看，对先秦诸子进行学派划分只是为了研究的方便，也只是一个相对的划分。实际上，先秦诸子各家之间在思想观点上也都是相互兼容吸收，并不是截然分开的，《鬼谷子》也是一样。说《鬼谷子》是纵横家，或者兵家，都是有道理的。

　　我们说《鬼谷子》是纵横家，鬼谷先生是纵横家的开创者，主要证据有：首先历代官、私书志均把《鬼谷子》列入纵横家。《隋书·经籍志》、《旧唐书·经籍志》、《新唐书·艺文志》、《中兴书目》、《宋史·艺文志》、晁公武《郡斋读书志》、郑樵《通志·艺文略》、马端临《文献通考·经籍考》、陈振孙《直斋书录解题》皆把《鬼谷子》列入纵横家类目中。其次是鬼谷子向苏秦、张仪传授纵横之术。《史记》首载苏秦、张仪师鬼谷先生事，扬雄、王充皆赞同此说。东汉应劭的《风俗通义》云："鬼谷先生，六国时纵横家。"三国时期的谯周、晋王嘉亦持此说。洪迈《容斋四笔》有："《鬼谷子书》，鬼谷子与苏秦张仪书曰"云云。《太平御览》第 463 卷曰："苏秦初与张仪俱事鬼谷先生十一年，皆通六艺，经营百家之言。"第 726 卷引《春秋后语》曰："苏秦事鬼谷子学。"这些记载都说鬼谷先生是苏秦、张仪的老师。苏、张皆是战国时期著名的纵横家，则鬼谷子自然就是纵横家。三是《鬼谷子》一书的主要内容是关于游说的。梁时刘勰《文心雕龙》中两次提到鬼谷先生。《诸子》云："申商刀锯以制理，鬼谷唇吻以策勋。"《论说》："暨战国争雄，辩士云涌；从横参谋，长短角势。转丸骋其巧辞，飞箝伏其精术。一人之辨，重于九鼎之宝；三寸之舌，强于百万之师。"纪昀在《四库全书总目提要·子部·杂家类》的小序云："纵横家仅《鬼谷子》一书。"从《鬼谷子》的内容是关于游说理论的角度，判断《鬼谷子》是纵横家是很有道理的。

　　但是，也有不少人认为《鬼谷子》是一部兵书，鬼谷子属于兵家。其主要证据有：首先，所谓"兵者，诡道也"、"诡者，鬼也"。通观《鬼谷子》，主要内容就为"谋略"，其可用于兵法者比比皆是。其次是传说鬼谷先生曾向孙膑、庞涓传授兵法。其实，早在高似孙之前的洪适，在其《汉四种兵书序》中，就已经认为鬼谷先生是庞涓的老师。既如此，不妨认为，洪适认为鬼谷先生是兵家。明代的冯梦龙《东周列国志》则对此作了发挥："鬼谷子有兵家的学问。"清人汪喜孙《尚友记》言："孙膑与庞涓俱学兵法于鬼谷。"则汪喜孙也持此说。三是从《鬼谷子》的学术源流上看，《孙子兵法》是《鬼谷子》的一个重要的思想源头，而后世伪托鬼谷子的著作中，有一些是属于兵法方面的。如《鬼谷子先生占气》中的《军气杂占》等篇，就属于《汉书·艺文志》上所列的"兵阴阳家"一类。这就是说，无论是从源头上，还是《鬼谷子》对后世的影响看，《鬼谷子》都与兵家有着密切的联系。其源、其流皆是兵家，从学术发展史上看，《鬼谷子》属于兵家著作也是有道理的。今天河南淇县云梦山开发旅游，就是打着"中华第一古军校"的旗号。《鬼谷子》研究热也是先由军队和地方联合带动起来的。

其实，战国时期纵横家的主要活动就是外交活动，而一国之外交又往往与军事斗争密切相关。所以，无论说《鬼谷子》属于哪一家，或者说《鬼谷子》同属于这两家，都证明了《鬼谷子》的学术方向和巨大价值。

随着马王堆汉墓帛书的出现，黄老之学备受重视。《鬼谷子》中的《符言》、《本经阴符七术》中有许多论说与黄老之学也是相通的。所以，总体上看，《鬼谷子》的思想还是相当驳杂的。

三

《鬼谷子》一书思想内容十分丰富，涵盖了哲学、政治学、军事学、心理学、社会学、文学、情报学等多种学科门类，是一部可以被广泛解读的著作。但从《鬼谷子》的核心思想来说，它提出了"捭阖"、"反应"、"内揵"、"飞箝"、"忤合"、"揣摩"等游说和谋略的原则和技巧，故从价值上说，《鬼谷子》对纵横家学说的理论构建是其对先秦学术的突出贡献。这一点主要体现在以下方面：

（一）把游说之术纳入"道"，寻找纵横学说的理论依托。

"道"是先秦哲学，尤其是道家学说的核心概念。《老子》云："道生一，一生二，二生三，三生万物。万物负阴而抱阳，冲气以为和。"（第四十二章）在老子那里，"道"是宇宙万物的根源，世间的万事万物都是由"道"产生的。《鬼谷子》将老子的这一思想引入"游说"的理论中。《捭阖》云："捭阖者，道之大化，说之变也。"即是把"捭阖"看成是"道"之化生。也就是说，《鬼谷子》认为外交舞台上的纵横捭阖是由"道"产生出来的。又云："即欲捭之贵周，即欲阖之贵密。周密之贵微，而与道相追。""追，随也"（见《方言》十二），意即在使用捭阖的手段时，要与"道"相随。这也就是说，捭阖是受"道"所支配。《鬼谷子》将纵横家的"游说之术"纳入"道"中，使之成为"道"术的一种。这就意味着，老子"道"论中的许多理论、范畴都可以用来解释有关"游说"的理论。换句话说，有关"游说"的基本理论都可依托"道"的理论体系来解释。这样，"游说之术"不仅有了理论上的源头，而且在依托老子"道"论的基础上，构建自己的理论体系，使纵横学说走上理论化、系统化的道路。

（二）利用老子"崇阴尚柔"的思想揭示谋略的本质及计谋所需的精神状态。

"游说"与"谋略"在纵横学说的理论中是一个问题的两个方面。"游说"的内容就是说客自己的谋略，"谋略"必须通过游说这种形式来实现，谋略是内容，游说是形式，"谋略"与"游说"之间的关系实质是内容与形式的关系问题。《鬼谷子》对"谋略"的理论构建亦是依据老子的"道"论。

老子的"道"论中一个十分重要的内容就是崇阴尚柔的思想。《老子》第八章云："上善若水。"水，象征阴柔。第七十八章云："天下莫柔弱于水，而攻坚强者莫之能胜，其无以易之。"阴柔具有无穷的力量，"天下之至柔，驰骋天下之至坚"（第四十三章），能够"柔弱胜刚强"（第三十六章）。《鬼谷子》在谋略上的基本出发点是"知己知彼"，强调敌我双方都要尽最大努力去打探对方的情况，同时做到己方的情况不被敌方所知。因此，对自己的各种信息，要最大限度地进行保密，故十分推崇"阴"谋。《摩篇》云："圣人谋之于阴，故曰神；成之于阳，故曰明。"《谋篇》曰："阴道而阳取之也。""圣人之道阴，愚人之道阳。……故先王之道阴。言有之曰：'天地之化，在高与深，圣人之制道，在隐与匿。'"这都是说，谋略必须守"阴"道，"在隐与匿"；不能做到"阴"，就不能说是"谋略"，"阴"就是谋略的本质，所以说是"阴谋"。这是运用谋略的基本规律。通过比较可以看出《鬼谷子》的"阴"谋思想是受《老子》的影响。《老子》虽然崇阴尚柔，但没有将其用来进行计谋，是《鬼谷子》将这种思想用来思考谋略的理论问题，并提出"阴道阳取"的谋略本质，这是对谋略学的巨大贡献。

"虚静"是老子"道"论中的重要范畴。《老子》第十六章："致虚极，守静笃。"在老子那里，虚静是论述修身养性所必需的一种精神状态。《鬼谷子》将老子的"虚静观"引入谋略的理论中，认为"虚静"是谋略产生的前提。谋略的产生，必须要主体进入"虚静"状态。《本经阴符》云："心欲安静，虑欲深远。心安静则神策生，虑深远则计谋成。"主体状态的"静"是计谋产生的先决条件。在这里，《鬼谷子》把"虚静"视为谋略产生所必需的一种精神状态。这是《鬼谷子》引入"道"论使纵横学说理论化的又一重要成果。

（三）对老子"自然无为"思想的袭用，设计纵横学说的总原则。

"自然无为"是老子"道"论中一个重要观念。老子认为任何事物都应该顺任它自身的情状去发展，不必用外力去强制它。"自然"就是任其自由发展，"无为"也就是顺其自然不加人为的意思。《鬼谷子》里亦多次说到"无为"。《捭阖》云："夫贤不肖、智愚、勇怯有差，乃可捭，乃可阖；乃可进，乃可退；乃可贱，乃可贵，无为以牧之。"这里的"无为"是指顺从游说对象的性格特点而施以不同的游说手段。"无为"在这里有顺从游说对象的特点的意思。与老子"无为"思想相比较，可知《鬼谷子》袭用了老子的"无为"思想，把它引进纵横理论领域，用来说明游说的原则。

（四）利用道家的辩证观念，总结纵横之术的方法。

老子的辩证思想内容十分丰富。其中关于事物是在对立关系中存在并因此重视反面的作用，与事物发展到某种程度就向相反方向转化的思想，对《鬼谷子》纵横理论的产生启发甚大。《老子》第二章云："有无相生，难易相成，长短相形，高下相倾，音声相和，前后相随。"又云："天下皆知美之为美，斯恶已；皆知善之为善，斯不善已。"这都是说，任何事物都有它的对立面，事物是因着它的对立面而存在的。因此观察事物不仅要观察它的正面，也应该注意事物的反面。

《鬼谷子》受到老子重视反面作用思想的启发，将老子的这一思想运用到游说与谋略的理论中，创造性地提出了"反应"之术。《反应》篇说："古之大化者，乃与无形俱生。反以观往，覆以验来；反以知古，覆以知今；反以知彼，覆以知己。动静虚实之理，不合于今，反古而求之。"又说："言有不合者，反而求之，其应必出。"这里的"反"，意思是说，反过来站在对方的立场来思考观察事理，了解对方。因为事物都是相对待而产生的，如果能从事物的反面，或者从对方的角度出发来进行游说、谋划，往往能收到"其应必出"的意外效果。这就是"反应"之术。只要善于运用这一规律，在"探人而居其内，量其能射其意"时，就会"如螣蛇之所指，若羿之引矢"一样准确无误。

老子还认为，事物发展到某种极限的时候，就向相反方向转化，改变原来的状况，变成了它的反面。《老子》第三十六章云："将欲歙之，必固张之；将欲弱之，必固强之；将欲废之，必固兴之；将欲取之，必固与之。"这是老子对于事态发展的一个分析，亦即是老子物极必反、势强必弱观念的一种说明。老子的这一思想，本与谋略无涉。《鬼谷子》将这种观念引入纵横学说，提出"环"的人生理想和"钓"的游说之术。

"环"是《鬼谷子》十分重要的思想。《捭阖》篇说："阳动而行，阴止而藏，阳动而出，阴隐而入。阳还终阴，阴极反阳。"又说："以阳求阴，苞以德也；以阴结阳，施以力也。阴阳相求，由捭阖也。此天地阴阳之道，而说人之法也。"《内揵》篇又说："环转因化，莫知所为，退为大仪。"如此等等。老子只提出阴阳之间相互转化，但还没有提出阴阳之间像圆环一样，把阴阳关系形象化地比喻成"圆环"，始于《鬼谷子》。北宋时期，周敦颐画阴阳鱼图，实际上是得到了《鬼谷子》的启发。因为环是圆的，没有明确的方向感，所以，纵横家也没有明确的价值观念。这与儒家把仁义忠孝等明确为价值、与道家把无为明确为价值有很大的不同。纵横家在这种理论指导下，或合纵或连横，一切均随形势变化而变化，没有说合纵就是对的，或者连横就是错的。这时合纵，因为当前的局势需要，那时连横，也是形势所需。连横不久也可改合纵，都是适应形势所需。战国时期，各国之间的分分合合，彼此之间既结盟又打仗，都是当时各国的现实选择，没有对错，只有适合与不适合。所以，"环"的理论也与春秋战国以来的社会现实相呼应。

《反应》篇曰："欲闻其声反默，欲张反敛，欲高反下，欲取反与。""欲取反与"，就是对"钓"术的说明。何为"钓"术？在钓鱼时，为了得到鱼，必须先投饵，以引其上钩。在游说时，为了了解对方，必须施以"钓语"，"以无形求有声"，这样才能"得其实也"。对老子思想中"道"、"虚"、"因应变化于无为"等"道"论思想的引进和利用，是《鬼谷子》将纵横学说理论化的重要途径。

（五）提出"纵横"术语，构建纵横学派的价值观。

《鬼谷子》一书中两次提到"纵"与"横"。第一次是在《飞箝》篇中，其云：

> （飞箝之术）用之于人，则空往而实来，缀而不失，以究其辞。可箝而从，可箝而横；可引而东，可引而西；可引而南，可引而北；可引而反，可引而覆。

这里的"纵"与"横"，是就空间而言的。纵，是指垂直方向；横，是指水平方向，并没有深刻的含义。第二次是在《忤合》篇中，其云：

> 古之善背向者，乃协四海，包诸侯，忤合之地而化转之，然后求合。故伊尹五就汤，五就桀，而不能有所明，然后合于汤；吕尚三就文王，三入殷，而不能有所明，然后合于文王。此知天命之箝，故归之不疑也。……故忤合之道，已必自度材能知睿，量长短远近孰不如。乃可以进，乃可以退，乃可以纵，乃可以横。

这段文字的意思是说，游说之士要善于选择所事之主。这种策略也叫"忤合"。故陶弘景注曰："言古之深识背向之理者，乃合同四海，兼并诸侯，驱置忤合之地，然后设法变化而转移之。众心既从，乃求其真王而与之合也。"陶弘景所谓"深识背向之理"，其实就是与某君主合，为其所用；或与某君主忤，自己再寻英主，与之共事。文中所举的两个例证："伊尹五就汤，五就桀"，"然后合于汤"，"吕尚三就文王，三入殷"，"然后合于文王"，皆是说明这个问题。这一点，就是"忤合"的主旨。《忤合》篇开头就说："凡趋合倍反，计有适合。化转环属，各有形势。反覆相求，因事为制。"正所谓"世无常贵，事无常师"，在选择什么样的君主将来与之共事的时候，必须"因事为制"，而不是刻板死守一人一地。只有这样，才可以"纵横进退自如"。因此，这里的"纵横"与"进退"一样，不是指动作上的进退或纵横，而是指是否自如地选择与背离君主的意志。换句话说，"纵横"的意思是能否随意地与君主合而共事或离而结怨。这就是《鬼谷子》书中"纵横"的含义。

"纵横"之义，反映了鬼谷子学说的价值观。在择主共事上，择主可以"因事为制"，一切皆随自己的愿望而行。苏秦先说秦，后为燕、赵所用；张仪先赴楚，后说秦成功。与某君主能否做到"合"与"忤"，就是能否做到"纵横"。在价值观上，以我为主，以是否最终取得成功为主，体现出灵活性，没有儒家的"忠君"观念，更没有"舍利而取义，杀身以成仁"的"殉道"精神。而这一点恰恰成为后世攻击纵横家的焦点，有人讽刺其为"有奶便是娘"、"朝秦暮楚"、"品行卑污"，等等，均是从这一点上来看待的。正是因为《鬼谷子》是这样确立"纵横"理论的，所以，在儒学取得统治地位后，纵横之学即被排斥。

四

《鬼谷子》的独特性，引起了今天的人们对《鬼谷子》研究的极大兴趣。由于鬼谷子自身的神秘性，近几年逐渐掀起了一股"鬼谷子研究"的热潮。

综观近年来的鬼谷子研究，可以概括出三个明显特点：第一，地方政府的强力推动。鬼谷子研究热主要是由地方政府推动起来的，开始并未引起学术界的注意。即使在马王堆出土了帛书《战国纵横家书》后，对鬼谷子的研究也没有引起学术界的重视。近年来，随着郭店楚简、上博简等的出土，人们对先秦古籍进行重新审视。即便这样，《鬼谷子》研究也还处于冷落状态。为了借鬼谷子之名发展当地旅游，带动经济发展，地方政府开始宣传造势，多地争抢鬼谷子隐居地和诞生地，频繁地召开学术研讨会等，吸引了人们的目光，引起了人们的好奇，鬼谷子成为话题，越来越受到人们的普遍关注。第二，应用性强。在鬼谷子研究中，应用研究多于基础研究。现在书店里有大量的关于鬼谷子的书，书名和内容皆五花八门。这些书大都是借题发挥，借《鬼谷子》内容附会现实。即使是河南、陕西、河北等地的地方文史工作者，对鬼谷子的研究，重点也是收集整理一些民间传说，利用地方志的记载争夺鬼谷子活动的地望，初衷都是为了发展地方经济。所以，鬼谷子研究与人们的经世致用密切相关。第三，可信的历史资料普遍较少，且缺乏说服力。所有声称鬼谷子的诞生地、授徒地、死葬地的可信证据，几乎都是明代以来的地方志。即使这些地方志的有限记载也大都用了"相传"、"传说"等字眼。元以前的证据很少，唐前的证据几乎没有。但是这并不影响人们对鬼谷子的热爱，越来越多的人开始熟知并关注鬼谷子，相信鬼谷子热的现象还会持续一段时间。

五

　　《鬼谷子》历来受到排挤，长期以来因被怀疑为伪书而被学术界忽视，有价值的注本译本并不多。本书以中华书局"新编诸子集成续编"本《鬼谷子集校集注》为底本。由于该书在校勘方面用力颇深，故本书除必要的异文说明出注外，不再另作校记。对于较长的篇目，根据句意适当划分段落，分段注释和翻译。

　　本书每篇均包括题解、注释、译文三部分。题解以简要的语言概括本篇的主旨和内容。注释包含的内容较为广泛，难认的字在字后加注汉语拼音，难以理解的字词或文化常识等出注，他人有价值的注释亦择善而从，以供读者选择。译文力求直译，直译不顺畅之处采用意译，以便于读者迅速理解文意。

　　无论正文、注释还是译文都采用简化字，个别文字因用简化字可能造成句意误解的保留繁体字，但在注释中加以说明。
本书在题解和注释时参考了前人和时贤的观点，能出注者均直
接在文中标明，或有一些引用而未能逐一出注者，在此特别说
明，并致谢忱！

许富宏

2015 年 12 月

目　录

捭阖第一

"捭阖"，原意即开合。陶弘景题注说："捭，拨动也；阖，闭藏也。"又说："凡与人言之道，或拨动之令有言，示其同也；或闭藏之令自言，示其异也。"捭阖乃是"与人言之道"，所谓"与人言"，这里指纵横策士的游说。捭阖是纵横策士在游说过程中，向对方表明自己的真实意图，并用言辞打动对方心弦，使对方"开"而接受自己的言辞以及言辞之中蕴含的计谋；或在游说中隐藏自己的真实意图，采用技巧让对方先说出他的真实想法，暗中验证是否与己相符，然后再决定下一步如何行动。所以，按照陶弘景的解释，"捭阖"完全是一种纵横策士游说的技巧。

但是，从本篇的内容看，陶弘景的解释是相当片面的。"捭阖"固然是纵横策士的游说技巧，但文中不止一次地说"捭阖"是"谋之本而说之法"。这就是说，捭阖也是谋略的根本方法。而谋略，则不仅涉及游说对象与游说者两个人，更涉及对当时整个国际局势的洞察和对各诸侯国情况的深入了解，是一个更为广泛的政治课题。《捭阖》篇说："捭之者，开也，言也，阳也；阖之者，闭也，默也，阴也。阴阳其和，终始其义。"根据这段话，实际上本篇是把"捭阖"当作"阴阳"来看待的，是"阴阳"在纵横学领域的特定表述。

阴阳，作为宇宙万物分别具有相互对立的两种属性，早在西周时期就获得了广泛解释自然与社会现象的普遍意义。到了春秋战国时期，以"阴阳"为中心的学说成为一个哲学派别，逐渐活跃起来。这一学派中，有的学者致力于用阴阳范畴研究自然天道，如邹衍的阴阳学说；还有的则致力于用阴阳研究社会人事，《鬼谷子》即为代表。捭阖即秉承《易》之阴阳理论，为阴阳法则在纵横理论中的具体应用。阴阳之间相互转化，这种属性影响了策士的世界观，他们在国际局势下纵横捭阖，一切随形势变化而变化，或合纵或连横，选择有利于自己利益的论调。所以捭阖是纵横家的立论基础，为其立身处世、游说诸侯、干主求禄之总原则。尹桐阳解释说："捭同辟，开也；阖，闭也。《易·系辞》：'辟户谓之乾，阖户谓之坤。'"正得其旨。

本篇内容由两部分组成。前半部分言捭阖之原理，又可分为三层：即捭阖之定义，捭阖之术用于游说之原理及捭阖之术如何运用。何谓捭阖？捭阖即阴阳开合，一阳一阴，或开或合，变化无穷。为何可用捭阖之术来游说？本篇认为，作为社会主体的人，在总体上也分为"阴""阳"两类：或贤或不肖，或智或愚，或勇或怯，皆与"阴阳"之理暗合，故捭阖之术可用于处理人际关系，尤其可用于处理说客与国君（或权臣）的关系上，可用在说客游说技术设计中。捭阖之术如何运用？本篇提出"捭"就是"开"，主要是针对对方而言，让对方"开"，暴露真实意图，从而为我所利用；"阖"则是针对己方而言，己方要"合"，要密而自保；这是运用捭阖之术的总原则。

后半部分言捭阖之术在游说中如何具体运用。纵横策士主要依靠口谈来游说，口有开有合，口之开合与捭阖相似。捭，即开，即言；阖，即闭，即默。捭阖之术可用于游说。口开即阳，口默即阴。自己或以阴结阳，让对方夸夸其谈；自己或以阳求阴，以谈辩之锋逼对方哑口无言。如何为之，应伺机而动，因时而应，此即为"说人之法"。

过去研究纵横家的人，大都认为纵横家没有理论，这是片面的看法。本篇实际上就是奠定纵横家理论的一篇。之后的《反应》、《内揵》、《抵巇》、《飞箝》、《忤合》等五篇的立论即是以此篇为基础的。

粤若稽古①，圣人之在天地间也②，为众生之先③。观阴阳之开阖以名命物④，知存亡之门户⑤，筹策万类之终始⑥，达人心之理，见变化之朕焉⑦，而守司其门户⑧。故圣人之在天下也，自古及今，其道一也⑨。

【注释】

①粤若稽古：此句与《尚书·尧典》开头相同，意在强调捭阖是历史经验的遗留，借托古以自重。粤若，发语词，无义。稽，考。陶弘景注："若，顺；稽，考也。"陶弘景的解释意思是"如果顺着往上考察古代的历史"，句意亦通。

②圣人：《鬼谷子》理想中彻底掌握纵横学术的人。圣人能够深入领会阴阳之道，掌握自然界和社会的本质及规律，并善于利用矛盾，从事政治斗争。战国纵横家所言之"圣人"与儒家之"圣人"有异，儒家的"圣人"与"君子"、"小人"构成人格的三个层次，"圣人"是人格的最高层次，是指那些把握了事物发展规律的圣贤；亦与道家之"圣人"有异，其除了像道家那样强调顺应自然规律外，特别强调"圣人"应善于观察社会，擅长政治斗争。

③为众生之先：按，"道"产生"圣人"，"圣人"产生"万物"，故圣人为众生先。这里实际上揭示了《鬼谷子》的宇宙生成模式：道——圣人——万物众生。陶弘景注："首出万物，以前人用先知觉后知，先觉

觉后觉，故为众生先。"陶弘景不是从宇宙生成论上来解读，而是从圣人先觉，启迪后学的角度来解读，可参。众生，指大自然中的一切生命。

④观阴阳之开阖（hé）以名命物：意谓阴阳生物，圣人命名。故陶弘景注曰："阳开以生物，阴阖以成物。生成既著，须立名以命之也。"阴阳，中国古代的哲学概念，代表对立统一的两种属性。《老子》第四十二章曰："道生一，一生二，二生三，三生万物。万物负阴而抱阳，冲气以为和。"万物皆由阴阳二者联合而创生，非独阳或独阴能生成万物者。开阖，即开合，这里指阴阳相动而创造万物。以名命物，即命物以名，给万事万物命名。

⑤知存亡之门户：意谓纵横策士从事政治活动，有很大危险，务必要懂得生死存亡之辩证法，游说或计谋均须考虑一个国家或自我的生死存亡。陶弘景注："不忘亡者，存；有其存者，亡。能知吉凶之先见者，其唯知几者乎？故曰：知存亡之门户也。"只有不忘记死亡威胁的人，才能生存；只见到生存而不考虑死亡的人，最终会死亡。因此纵横策士要有预测吉凶的能力。能预知行动之后生死存亡，对策士们来说十分重要。门户，枢纽，关键。

⑥筹策万类之终始：意谓圣人能够预见到万物的发生与死亡以及人的心理变化的规律，并筹划富有远见的计策以作应对。筹策，原指古代计算用具，这里引申为谋划。万类，万物。

⑦见变化之朕：陶弘景注："万类之终始，人心之理，变化之朕，莫不朗然玄悟而无幽不测。故能筹策远见焉。"陶注从纵横家立论，意在强调纵横策士一旦明了万事万物发生发展之运动规律以及人之心理，即能发觉蛛丝马迹，准确预知事物的趋势，以便趋利避害，获得成功。朕，行迹，预兆。

⑧守司其门户：意谓纵横策士始终掌握背离死亡趋向生存的关键，以便在各国实际进行的合纵连横的实践活动中趋利避害，掌握主动。陶弘景注："司，主守也。门户，即上'存亡之门户'也。圣人既达物理之终始，知存亡之门户，故能守而司之，令其背亡而趣存也。"守司，掌握。

⑨其道一也：陶弘景注："莫不背亡而趣存，故曰其道一也。"背亡趣存，即避亡趋存，实乃纵横策士行事之大道。无论采用何种方式进行策谋或游说，都要对游说对象起到趋利避害的作用，这是纵横策士奉行的大道。其道，圣人的道。

【译文】

考察古代的历史，圣人是天地间芸芸众生的主宰。圣人能够根据阴阳开合的变化来创造万物，并给万物命名，圣人知道万物生死存亡的关键，谋划自然万物从产生到死亡的全过程，并能深入到人的内心，看见人内心的细微变化，掌握背离死亡趋向生存的规律。所以，圣人在天下，从古到今，他的道是恒一不变的。

变化无穷，各有所归①，或阴或阳，或柔或刚，或开或闭，或弛或张②。是故圣人一守司其门户，审察其所先后③，度权量能，校其伎巧短长④。

【注释】

①变化无穷，各有所归：纵横家所主张的避亡趋存的原则不变，但是在现实生活中的具体做法随情况变化而千变万化。无论怎样变化，最后都能达到"避亡趋存"的目的。陶弘景注："其道虽一，所行不同，故曰变化无穷。然有条而不紊，故曰各有所归。"归，归宿。

②"或阴或阳"四句：或阴、阳，或柔、刚，或开、闭，或弛、张，亦皆属于捭阖之日常表现。针对不同对象，处理的方式方法不同，或捭或阖，随势而变。陶弘景注："此言象法各异，施教不同。"弛，松开。张，拉紧。

③是故圣人一守司其门户，审察其所先后：意谓圣人根据实际情况，或先阳而后阴，或先阴而后阳，进退择机，应景而动。陶弘景注："政教虽殊，至于守司门户则一。故审察其所宜先者先行，所宜后者后行之也。"

④度权量能，校（jiào）其伎巧短长：陶弘景注："权，谓权谋；能，谓才能；伎巧，谓百工之役。言圣人之用人，必量度其谋能之优劣，校考其伎巧之长短，然后因材而任之也。"可参。度，量长短。权，

称轻重。量，衡量。能，才能。校，比。伎巧，意
即工巧。伎，《说文》作"技"。短长，优劣。

【译文】

万事万物的变化虽然是无穷无尽的，但是都以避亡趋
存作为它们的归宿。有的表现为阴，有的表现为阳；有的
表现为柔，有的表现为刚；有的表现为开，有的表现为闭；
有的表现为弛，有的表现为张。因此，圣人掌握了阴阳两
种枢纽，就能审察万事万物的先后，度量万物的才能，比
较万物各自的短长。

夫贤不肖、智愚、勇怯有差①，乃可捭，乃可
阖②；乃可进，乃可退；乃可贱，乃可贵，无为以牧
之③。审定有无与其实虚④，随其嗜欲以见其志意⑤。
微排其所言而捭反之⑥，以求其实，贵得其指⑦；阖
而捭之，以求其利⑧。

【注释】

①夫贤不肖、智愚、勇怯有差：陶弘景注："言贤不肖、
　智愚、勇怯，材性不同，各有差品。"贤，贤人，
　德才兼备的人。不肖，即不肖之人，这里与"贤人"
　相对，意为无德无才的人。差，次第，等级。
②乃可捭（bǎi），乃可阖：意谓根据每个人的禀性采
　取或捭或阖的策略。陶弘景注："贤者可捭而同之，
　不肖者可阖而异之；智之与勇可进而贵之，愚之与
　怯可退而贱之。"捭，开。

③无为以牧之：即根据对象之阴阳，而施以阴阳，顺其自然，即能成功。陶弘景注："贤愚各当其分，股肱各尽其力。但恭己无为牧之而已矣。"陶注说经过恰当的用人之后，君主就可以无为而治了。其意不甚合原文之意。无为，道家的哲学概念，意即顺应自然。牧，驾驭。

④审定有无与其实虚：按，这里的"有"与"无"、"实"与"虚"皆是相对概念，由"阴阳"而生发。审定，仔细考究而断定。

⑤随其嗜欲以见其志意：意谓根据对方的实和虚，以及对方的喜好欲望来探测其真实的意图。陶弘景注："言任贤之道，必审定其材术之有无，性行之虚实，然后随其嗜欲而任之，以见其志意之真伪也。"陶注以为君主任用贤人之道，可参。嗜，爱好。欲，欲望。

⑥微排其所言而捭反之：按，此言查知对方志意的方法。可以从对方的言辞中来推知，办法是己方先采用"阖"的办法，暗中排查对方所说的话，找到缺陷之处，然后采用"捭"的方式故意地反问过去。陶弘景注："凡臣言事者，君则微排抑其所言，拨动而反难之，以求其实情。"陶注以为君臣之间问答，亦可；实则可以不限于君臣之间。微，暗中，不被对方察觉。排，排查。

⑦贵得其指：意即贵在得到对方真实意图。指，通"旨"。

⑧阖而捭之，以求其利：实情得悉之后，停止发问，
　开始采取行动，这样就能收获到利益。陶弘景注：
　"实情既得又自闭藏而拨动彼，以求其所言之利何
　如耳。"发问结束为"阖"，行动开始为"捭"。

【译文】

　　人的禀性是有差等的，有的是德才兼备的贤人，有
的是无德无才的不肖之人；有的人智慧，有的人愚蠢；有
的人勇敢，有的人怯懦。根据每个人的禀性，分别采用或
捭或阖、或进或退、或贱或贵的方法和手段，顺应每个人
的特点来驾驭他。如果要弄清对方是有还是无，搞清对方
的实际情况，一般情况下，是顺着他的爱好和欲望来推测
出对方心里的真实意图。可以暗暗排查对方言辞，然后依
据已知情况反问过去，以得其实情，了解到他的旨意；先
"阖"后"捭"，从中得到利益。

　　或开而示之，或阖而闭之。开而示之者，同其
情也；阖而闭之者，异其诚也①。可与不可，审明
其计谋，以原其同异②。离合有守，先从其志③。即
欲捭之贵周，即欲阖之贵密④。周密之贵微，而与
道相追⑤。

【注释】

①"或开而示之"六句：意谓己方与对方实情相同则
　开而示之，对方不愿以实情相告则己方亦不告以实
　情，即闭而阖之。陶弘景注："开而同之，所以尽其

情；阖而异之，所以知其诚也。"诚，实。

②"可与不可"三句：意谓己方如何应对对方，行还是不行，一定要找到双方的共同点和不同点。陶弘景注："凡臣所言，有可有不可，必明审其计谋以原其同异。"原，察，探究。

③离合有守，先从其志：按，此言离抑或是合须等待，在未知对方计谋之前，己方先按兵不动，先尽量满足对方的意愿，纵容其行事，然后适时而动，及时控制他。陶弘景注："谓其计谋，虽离合不同，但能有所执守，则先从其志以尽之，以知成败之归也。"守，待，等待。

④即欲捭之贵周，即欲阖之贵密：按，此言运用捭阖之注意事项。用捭之策，贵在考虑周到全面；用阖之策，贵在隐秘不宣。陶弘景注："言拨动之，贵其周遍；闭藏之，贵其隐密。"冯叔吉对此句评论说："苏子之党，仰庆吊变，说匿情以据缴乘危，即是祖此。"

⑤周密之贵微，而与道相追：按，道，先秦道家认为是宇宙的本原。道的状态是混沌、无名，《老子》第二十五章说："有物混成，先天地生。"又说："吾不知其名，字之曰道。"这里借用道家之"道"，意在说明隐秘工作做得像道一样归于无形，这是隐蔽的最高境界。陶弘景注："而此二者，皆须微妙合于道之理，然后为得也。"微，隐蔽。

【译文】

或公开自己的真实情况显示给对方，或不公开自己的真实情况而将它隐藏起来，不让对方知道。当己方的实际情况或目的等与对方完全相同的时候，就可以公开显示给对方看；当己方的实际情况或目的等与对方不同的时候，就不能公开。上述办法可用还是不可用，首先是要搞清楚对方的考虑和谋划，来探究己方与对方是同还是异。是离是合须等待时机，先从对方的意愿来尽量满足他，然后适时而动。如果要用"捭"的方式，一定要做到周到；如果要用"阖"的方式，一定要做到严密。周到、严密还要注意隐蔽，隐蔽的最佳效果就像"道"一样微而不显。

捭之者，料其情也；阖之者，结其诚也①。皆见其权衡轻重②，乃为之度数③。圣人因而为之虑，其不中权衡度数，圣人因而自为之虑④。

【注释】

①"捭之者"四句：意谓用捭使对方开，而对其虚实进行辨别；辨别清楚之后用阖，确定下来对方的实情。陶弘景注："料谓简择，结谓系束。情有真伪，故须简择；诚或无终，故须系束也。"料，忖度，估量。这里指了解。结，系，固结。诚，实。

②皆见其权衡轻重：意谓对方权衡轻重，皆为我所知。权，秤锤。衡，秤杆。

③乃为之度数：按，此言圣人根据对方实际需要的轻重缓急来揣度他的所想，然后再顺其所想而为之设计。陶弘景注："权衡既陈，轻重自分。然后为之度

数，以制其轻重，轻重得所，因而为设谋虑，使之遵行也。"度数，秤杆上的刻度。

④"圣人因而为之虑"三句：意谓圣人皆擅长见机行事，进则为他人设计，退则为己设计。尹桐阳注："乱世而退隐不仕是圣人之自为虑者。"俞樾说："自行者，自为之虑也；为人行者，因而为之虑也。"纵横家处世灵活，处处想好退路，在阴阳捭阖之间寻找生存之机。陶弘景注："谓轻重不合于斤两，长短不充于度数，便为废物，何所施哉？圣人因是自为谋虑，更求其反也。"陶说"轻重"、"长短"指臣之才能而言，不合"度数"便为废物，圣人只能另择他人，于义未妥。自为之虑，即为之自虑，意谓替自己考虑。

【译文】

用捭使对方开，而对其虚实进行辨别；辨别清楚之后用阖，确定下来对方的实情。圣人都是根据对方实际需要的轻重缓急来揣度对方的所想，然后再顺其所想而为对方作出谋划。圣人即因势考虑，如果不合对方的心意或其实际所需，就替自己作谋划，留好退路。

故捭者，或捭而出之，或捭而内之①；阖者，或阖而取之，或阖而去之②。捭阖者，天地之道。捭阖者，以变动阴阳，四时开闭，以化万物③。纵横反出，反覆反忤，必由此矣④。

【注释】

①"故捭者"三句：意谓捭使对方"开"，或其实情出而被我所知；或其心意开而接纳我之意见。陶弘景注："谓中权衡者，出而用之；其不中者，内而藏之也。"陶注"中权衡"，从上下注文看，是指臣是否符合君的要求。可参。内，同"纳"。

②"阖者"三句：意谓阖为闭合，或为己合而使自己有所获取；或为己合使自己躲过祸患。陶弘景注："诚者，阖而取之；不诚者，阖而去之。"陶注从上下注文看，仍是指君如何择臣。可参。去，离去，离开。

③以化万物：陶弘景注："阴阳变动，四时开闭，皆捭阖之道也。"化，化育。

④"纵横反出"三句：按，此言捭阖之术具体表现形式。反往复来，反之覆之，顺此忤彼，形式虽不同，但均以捭阖之术而行之。纵横反出，纵与横，返与出，皆是对立的事物，是阴阳的表现形式。陶弘景注："纵横谓废起万物，或开以起之，或阖而废之。"又曰："言捭阖之道，或反之令出于彼，或反之覆来于此，或反之于彼忤之于此，皆从捭阖而生。故曰：必由此也。"陶注谓或废万物或起万物，过于拘泥。皆川愿曰："纵横，即纵横说之纵横，非谓废起也。"尹桐阳曰："合纵曰阖，连横反之则曰捭。故云：纵横之反出。"反，同"返"。忤（wǔ），相背。

【译文】

所以用捭或能使对方开而真实情况暴露出来，或能让对方开而使己方的观点被接纳；用阖或能使己方有所获取，或能使己方顺利地躲过祸患。捭阖，就是天地间的道。捭阖，能够使阴阳发生变动，阴阳变动产生四季，四季的更替化育万物。纵或横、返与出、翻与覆、反与背，都是由捭阖而生的。

捭阖者，道之大化，说之变也①。必豫审其变化②，吉凶大命系焉③。口者，心之门户也；心者，神之主也④。志意、喜欲、思虑、智谋，皆由门户出入⑤。故关之以捭阖，制之以出入⑥。

【注释】

①"捭阖者"三句：意谓捭阖乃大道变化最重要的表现形式，游说中变化擒纵，都依于捭阖之理。所以如果要游说成功，必先掌握捭阖之术。陶弘景注："言事无开阖则大道不化，言说无变。故开闭者，所以化大道，变言说。"道之大化，阴阳之道的变化。说之变，游说的应变。

②必豫审其变化：意谓或捭或阖，必先预测其可能发生的情况或趋势。陶弘景注："事虽大，莫不成之于变化。故必豫审之。"豫，事先有所准备。

③吉凶大命系焉：意谓捭阖用得好不好，直接关系到人的生死存亡。所以，运用捭阖之术，务必格外小

心。陶弘景注："天命，谓圣人禀天命王天下，然此亦因变化而起，故曰吉凶大命系焉。"大命，生命。

④"口者"四句：古人认为"心"为思维器官，思虑由心产生，而心中所想，又皆由口出。人的精神住宿在心，所以说心为"神之主"。陶弘景注："心因口宣，故曰'口者，心之门户也'；神为心用，故曰'心者，神之主'。"主，住。这里引申为住所。尹桐阳注："主，住也。"

⑤志意、喜欲、思虑、智谋，皆由门户出入：志意、喜欲、思虑、智谋，这些个体心理活动皆源于心，而从口说出。陶弘景注曰："凡此八者，皆往来于口中。故曰皆由门户出入也。"

⑥故关之以捭阖，制之以出入：意谓以捭阖之术来驾驭口之出入，就能达到有效控制之目的。陶弘景注："言上八者，若无开闭，事或不节。故关之以捭阖者，所以制其出入。"关，原意指门闩，这里指控制。

【译文】

捭阖是阴阳之道的无限变化，是游说时应变的关键。游说前一定要对各种变化事先有所准备，吉凶死亡的关键全系于捭阖。口是心意出入的门户，心是精神的居所。心所产生的志意、喜欲、思虑、智谋等，皆由口说出来。所以用捭阖来控制讲话，控制言语的出入。

捭之者，开也，言也，阳也；阖之者，闭也，默也，阴也①。阴阳其和，终始其义②。故言长生、安乐、富贵、尊荣、显名、爱好、财利、得意、喜欲，为"阳"，曰始③。故言死亡、忧患、贫贱、苦辱、弃损、亡利、失意、有害、刑戮、诛罚，为"阴"，曰终④。诸言法阳之类者，皆曰始，言善以始其事；诸言法阴之类者，皆曰终，言恶以终其谋⑤。

【注释】

① "捭之者"八句：陶弘景注："开言于外，故曰阳也；闭情于内，故曰阴也。"

② 阴阳其和，终始其义：意谓从开始到结束，都以捭阖行之。陶弘景注："开闭有节，故阴阳和，先后合宜。故终始义。"和，调和。义，理。

③ "故言长生"三句：长生等九者使人能够生存下去，代表积极，进步的趋向，为"阳"，这也是人为什么要奋斗的动力和起点。此处可见《鬼谷子》倡导积极的人生态度，并以获得这些功名利禄为人生的出发点。此种人生态度后成为纵横策士之指导思想。陶弘景注："凡此皆欲人之生，故曰阳曰始。"尊荣，地位高而荣耀。显名，名声显赫。始，起点。

④ "故言死亡"三句：死亡等十者使人的生存受到损害，代表倒退与死亡，为"阴"，凡是遇到类似情况，都要竭力避免。陶弘景注："凡此皆欲人之死，故曰阴曰终。"

⑤ "诸言法阳之类者"六句：按，此言说纵横策士在

游说中如何控制他人。其一，可用捭术，言对方优点一面，引诱对方而为己所用；其二，可用阖术，言对方缺点或忌讳的一面，以威吓对方，使之不做不利于己之事，来终结其计谋。陶弘景注："谓言说者，有于阳言之，有于阴言之，听者宜知其然也。"法，效法。善，言对方的优点或优势的一面。恶，言对方缺点或劣势的一面。

【译文】

捭就是开，就是开口言说，就是阳；阖就是闭，就是默而不说，就是阴。阴阳相互调和，从开始到结束，都要符合捭阖之理。所以说，把凡是有关长生、安乐、富贵、尊荣、显名、爱好、财利、得意、喜欲的，都视作"阳"，称为"始"。把凡是有关死亡、忧患、贫贱、苦辱、弃损、亡利、失意、有害、刑戮、诛罚的，都视作"阴"，称为"终"。那些在言谈时采用"阳"一类的事情来立说的，我们都可以称之为"始"，因为他们是从事情好的一面来进行游说，劝诱对方开始行动，促成游说得到成功；那些在言谈时采用"阴"一类的事情来立说的，我们都可以称之为"终"，因为他们是从事情恶的一面来进行游说，阻止对方的谋略策划实施，使它终止行动。

捭阖之道，以阴阳试之①。故与阳言者，依崇高；与阴言者，依卑小②。以下求小，以高求大③。由此言之，无所不出，无所不入，无所不可④。可以说人，可以说家，可以说国，可以说天下⑤。为小无内，为大无外⑥。益损、去就、倍反，皆以阴阳御其事⑦。

【注释】

①捭阖之道，以阴阳试之：意即从阴阳两方面来试探用之。尹桐阳注："道，言也。试，用也。"陶弘景注："谓或拨动之，或闭藏之。以阴阳之言试之，则其情慕可知。"

②"故与阳言者"四句：意谓对品行高尚的人，就要和他说高尚之事；对品行卑劣的人，就要与他说卑小之事，这样游说较易成功。陶弘景注："谓与阳情言者，依崇高以引之；与阴情言者，依卑小以引之。"阳，指具有积极的人生态度，积极进取、做事果断、品行高尚的人。阴，指具有消极的人生态度，消极畏惧、做事优柔寡断、品行低贱的人。

③以下求小，以高求大：按，此言要顺应人性之特点去游说。陶弘景注："阴言卑小，故曰以下求小；阳言崇高，故曰以高求大。"求，适应，顺应。

④无所不可：在任何情况下都可以。陶弘景注："阴阳之理尽，小大之情得，故出入皆可。出入皆可，何所不可乎？"

⑤"可以说人"四句：按，此言对不同的人按其人性特点去游说，就可以游说大夫、诸侯甚至天子。陶弘景注："无所不可，故所说皆可也。"人，普通人。家，有封地的大夫。国，诸侯国的国君。天下，这

里指周朝天下共主——周天子。

⑥为小无内，为大无外：意谓处理小的事情，不能仅从事物的内部着眼，处理大的事情，也不能光看事物的外部，要用辩证的观点来对待。陶弘景注："尽阴则无内，尽阳则无外。"无，不论。

⑦益损、去就、倍反，皆以阴阳御其事：意谓在游说中，或言辞谋略有增或减，或离开所说对象，或投靠所说对象，又或是另投他主等，一切都根据实际情况来判断与作出决定。陶弘景注："以道相成曰益，以事相贼曰损。义乖曰去，志同曰就。去而遂绝曰倍，去而覆来曰反。凡此不出阴阳之情。故曰：皆以阴阳御其事也。"倍，通"背"，背弃。

【译文】

捭阖之道，就是反复地使用阴阳进行试探。所以与品行高尚的人言说，就要说"阳"类的事；与品行卑劣的人言说，就要说"阴"类的事。下与小，均为阴，故可以用低下的去求合志向渺小的人；高与大，均为阳，故可以用高尚的去求合志趣高远的人。照这样去言说，可出可入，没有什么地方是不可以的。用捭阖之术，可以游说他人，可以游说大夫，可以游说诸侯国的国君，可以游说周天子。不论内部有多小，也不论外部有多大，均不能局限于本身，而须辩证地对待。益损、去就、背反，都是用阴阳开合之道来驾驭。

阳动而行，阴止而藏，阳动而出，阴隐而入。

阳还终阴，阴极反阳①。以阳动者，德相生也；以阴静者，形相成也②。以阳求阴，苞以德也；以阴结阳，施以力也③。阴阳相求，由捭阖也④。此天地阴阳之道，而说人之法也⑤。为万事之先，是谓圆方之门户⑥。

【注释】

① 阳还终阴，阴极反阳：按，此言阴阳之间相互转化。陶弘景注："此言君臣相成，由阴阳相生也。"陶注以为此句论君臣关系，未免狭隘。

② "以阳动者"四句：按，此句言万物生成。《鬼谷子》认为，万物皆有形体与精神。阳动，道迈开生成万物第一步，此时"德"已经生成"精神"；阴静，万物的形体生成，精神与形体合一，物乃生成。德，赋物以精。形，物之形体。

③ "以阳求阴"四句：按，此言"德形合一"的过程，是研究《鬼谷子》宇宙生成模式的重要资料。陶弘景注："此言君以爵禄养臣，臣以股肱宣力。"陶说承上仍依君臣关系立论，认为君施德于臣，臣必竭尽全力为君所用，于义亦通。苞，通"包"，包容。

④ 阴阳相求，由捭阖也：意谓以阳取阴，或以阴取阳，均应遵循捭阖之术。陶弘景注："君臣所以能相求者，由开闭而生也。"陶注仍从君臣关系角度立论，以为君臣之间相互选择，可参。

⑤ 说人之法：陶弘景注："言既体天地，象阴阳，故其

法可以说人也。"

⑥为万事之先，是谓圆方之门户：按，此言捭阖乃天地间处理万事的根本法则。陶弘景注："天圆地方，君臣之义也。理尽开闭，然后能生万物，故为万事先。君臣之道，因此出入，故曰圆方之门户。圆，君也；方，臣也。"陶注此段均从君臣关系角度立论，此言捭阖乃处理君臣关系的法则，可参。圆方，指天地。

【译文】

　　阳就是行动前进，阴就是静止潜藏，阳活动外出，阴隐藏入内。阳返还停止于阴，阴走到极点又还回为阳。阳动，道德就生成了；阴静，形体就产生了。从阳的方面去追求阴，要以道德包容对方；从阴的方面去追求阳，就要走出暗处实际去做。阴阳之间相互依赖，这是由捭阖之道决定的。这是天地阴阳的大道，是游说他人的根本法则。捭阖是处理万事之本，是天地的门户。

反应第二

　　《太平御览》卷四百六十二引用本篇称作《反覆》。所谓"反应"，即反覆之回应。反覆的目的就是为了弄清真相。所以反应术就是打探得到对方实情的方法。其主旨为：无论在计谋时，或者游说前，都必须首先要对对方情况了解清楚，然后以自己的情况推测对方的实情，做到"知己知彼"。陶弘景题注曰："听言之道，或有不合，必反以难之，彼因难而更思，必有以应也。"尹桐阳曰："《说文》：'反，覆也。'《尔雅》：'应，当也。'不合者反覆而使之合，其终必归于当，是谓反应。圣人审慎之至策耳。"

　　本篇的内容主要是论述反应术的原理及其方法。关于反应术之原理：因为任何事都有"阴阳"，也就都有反覆。反，谓反观对方；覆，谓审察自己。反，反过来站在对方立场看问题；覆，站在对方立场看问题后，再审察自己现在的做法。如果要探悉对方实情（即知彼），制定对应的策略，必须要从正反两个方面来反复论难，经过多次验证，才能成功。

　　本文说到的"反应术"主要包括"钓语"、"象比之辞"、"反听"和"见微知类"等数种。

　　所谓"钓语"，即隐瞒自己的真实意图，故意说一些启发性或试探性的话语，以诱导对方说出真情。钓必有钩，"钩"就是自己的意图，但是这个意图必须隐藏在诱人的"饵"下面。"饵"就是引诱性或启发性的话，"以无形求有声"，此"钓人之网"。

　　"象比之辞"即运用象征等形象化的语言，或讲述可供类比的历史事例，来套取对方的实情。使用反应之术，务必要使对方"开"。使对方"开"，可以用"以象动之"之"钓"术，具体为用"比"的修辞手法与"象"的象征手法，通过运用形象化的手段与增加言辞的艺术感染力的方式来打动对方。先秦时期，讲道理说服人往往重视所说要通俗形象，这样对方听起来易懂，也容易接受。最常见的就是寓言。孟子、庄子、韩非子、《吕氏春秋》都擅长用寓言来说理。寓言就是本篇所说的"象"的手法，也即"象者象其事"。而《韩非子》、《吕氏春秋》中都有列举大量历史故事来说理的篇章，这是本篇所说的"比"的手法，就是"比者比其辞"。

"反听"，即从正反两个方面反复倾听。或反观对方，或审察自己；或反回站在对方立场，或回到自己的做法来反思。总之在言辞对答中，己方要发挥主观能动性，主动发出信息，即用言语、动作、表象等去拨动对方、试探对方，观察研究对方的反应，分析反馈回来的信息，以侦知对方的真情。文中说"反之覆之，万事不失其辞"，所说就是各种实情都可以通过言辞反复试探而得知。

"见微知类"，即类推法。"见微知类"推理术的关键是"明类"，即准确判断"所见"之"微"与所推之事是否为同类，若类同，推出之结果便是必然的。所以，即使不是同一事物，只要是同类便可推理。这种方法重视历史的经验，一般都是把今天的现实与过去的类似情况进行对比，然后从历史经验中推理得出应对的方法。"见微知类"既可用于游说，打探对方实情，也可用于设谋献策，作为获得信任重用的资本，是纵横家智慧的一个突出表现。

不过，使用反应术当以"知己知彼"为原则。"知彼"是建立在"知己"基础之上，自知而后知人，如果不先对自己有准确的认知，那么，就不能驾驭对方。

本篇是《鬼谷子》中关于如何得到对方情报信息的一篇专论。纵横策士在国际舞台上活动，必先对当时各诸侯国的政治、经济、军事、外交、文化、地理、人口等各方面的情况，以及各诸侯国国君、朝中大臣的智慧和能力等有所了解。这些情报信息是游说或设谋献策的基础。所以《鬼谷子》在第一篇安排《捭阖》，将立论基础阐明之后，就用本篇来专门论述得到对方情报信息工作的重要性。可见，《反应》篇是反映纵横家思想的重要篇章。

古之大化者^①，乃与无形俱生^②。反以观往，覆以验来^③；反以知古，覆以知今；反以知彼，覆以知己^④。动静虚实之理，不合于今，反古而求之^⑤。事有反而得覆者，圣人之意也^⑥，不可不察^⑦。

【注释】

① 大化：即混沌初开，阴阳变化以生天地、化育万物的自然界生成与变化过程。在《鬼谷子》中，这一过程为圣人所掌控，如《捭阖》篇曰："捭阖者，道之大化。"《本经阴符七篇》曰："造化者，亦谓大化。"所以过去的注家把大化解释成圣人。陶弘景注即说："大化者，谓古之圣人，以大道化物也。"尹桐阳也说："圣人以大道化物，因名圣人曰大化。"

② 乃与无形俱生：圣人掌控万物生成，所以说与道俱生。陶弘景注："无形者，道也。动必由道，故曰无形俱生也。"无形，道。

③ 反以观往，覆以验来：俞樾说："《老子》曰：'万物并作，吾以观复。'此反覆之说之所由本也。"反，同"返"，返回来。覆，回覆。

④ "反以知古"四句：按，此言反应之术乃是通过考察已往，预知将来，在知己基础上，遍知一切事物的总方法。因为相似的社会背景与相近的环境条件下的社会事件有着质上的一致性和类同性，这样便可以以古推今，对自然事物或社会事件加以认识。陶弘景注："言大化圣人，稽众舍己，举事重慎，反覆

详验。欲以知来，先以观往；欲以知今，先以考古；欲以知彼，先度于己。故能举无遗策，动必成功。"

⑤"动静虚实之理"三句：按，此言世间事件的发展规律和事物的本质属性，在今天难以考证明白的，可用历史上的类似事件、类似事物之规律和本质来推知。陶弘景注："动静由行止也，虚实由真伪也。其理不合于今，反求诸古者也。"动静，行动和停止。

⑥事有反而得覆者，圣人之意也：运用"反"的手法都能得到"覆"。因为反与覆是阴阳的表现，阴阳之间的转化使得反必得覆，所以说是圣人之意。陶弘景注："事有不合，反而求彼，翻得覆会于此，成此在于考彼，契今由于求古，斯圣人之意也。"

⑦不可不察：意谓必须看到由反得覆是由阴阳之道决定的。陶弘景注："不审则失之于几，故不可不察也。"

【译文】

古代化育万物的圣人，都是与至道共同存在的。圣人处事都是从事物正反两个方面反复思考的。返回去可以看到以往，覆过来可以看到未来；返回去可以看到古代，覆过来可以看到现在；运用"反"可以知道对方，运用"覆"可以了解自己。动和静、虚与实的道理，如果与今天不相符合的，就返回到古代来寻求答案。任何事情都可以通过运用"反"而得到"覆"，这是圣人教导我们的，我们每个人不能不详加考察。

人言者，动也；己默者，静也。因其言，听其辞①。言有不合者，反而求之，其应必出②。言有象③，事有比④，其有象比，以观其次⑤。象者象其事，比者比其辞也。以无形求有声⑥。其钓语合事，得人实也⑦。其犹张置网而取兽也⑧，多张其会而司之。道合其事，彼自出之，此钓人之网也⑨，常持其网驱之⑩。

【注释】

①因其言，听其辞：意即根据对方所说言辞来判断言辞背后的实情和意图，这样得到的信息是可靠的。所以陶弘景注说："以静观动，则所见审；因言听辞，则所得明。"因，根据，依靠。

②"言有不合者"三句："不合者"情形，一般有：其一，说者所言不是己方意图所指，呈现矛盾，令己方不知对方实情，故返回而诘难之，其情必出；其二，说者言辞前后不一，令己方无从知晓其本意，故抓住其言辞矛盾之处反问论难之，其情也必出；其三，说者所说不合常理或事理，则反而问难之，其情也必出。陶弘景注："谓言者或不合于理，未可即斥，但反而难之，使自求之，则契理之应，怡然自出也。"言有不合，对方言辞透露出的意思与己方想要得到的不相符合。

③言有象：此有二义：一就对方所言，指言语一旦说出来，信息就流布在外。象，即形于外者；二就己

方而言，游说时，为了让对方容易理解并接受自己的主张，可先设形象，以通俗易懂的方式表达出来，此方式亦可谓之象征。象，即形象。陶弘景注："象谓法象。"用魏晋六朝时期的宗教术语解释《鬼谷子》，未得本意。

④事有比：此亦有二义：一曰比喻，打比方；二曰类比，以历史上或现实中同类事理作类比。陶弘景注："比谓比例。"即用事例作类比的意思。

⑤其有象比，以观其次：意谓"象比"只是手法，应该看到"象征"手法背后，以及用来作"比"的历史事例背后的真实意图。陶弘景注："应理既出，故能言有象，事有比。前事既有象比，更当观其次，令得自尽。"

⑥以无形求有声：意谓运用象、比手法游说，能在无形之中得到对方的响应。象、比手法，皆不直说，其实情隐藏于背后，所以说是无形。对方回应，则为有声。陶弘景注："理在玄微，故无形也。无言则不彰，故以无形求有声。声即言也，比谓比类也。"

⑦其钓语合事，得人实也：此言"反而求之"之法，即像钓鱼投饵一样，对方所言与实情不符，就用引诱性的言辞作钓饵，去引发其言说，从而得其真情。陶弘景注："得鱼在于投饵，得语在于发端。发端则语应，投饵则鱼来，故曰'钓语'。语则事合，故曰'合事'。明试在于敷言，故曰'得人实'也。"钓语，用作引诱的话。俞樾注："钓语，谓人

所隐藏不出之言，以术钓而出之。"

⑧罝（jū）网：原指捕兔子的网。这里指捕野兽的网。

⑨"多张其会而司（sì）之"四句：陶弘景注："张网而司之，彼兽自得。道合其事，彼理自出。言理既彰，圣贤斯辨，虽欲自隐，其道无由。故曰钓人之网也。"陶说实针对君用贤臣而论，以君下网，臣为兽，君要善于设网钓贤臣来为己服务。此说未免狭隘。俞樾说："盖谓钓取人之言语，合之其人之行事而得其实，犹之乎张罝网而取兽也。"俞樾说更合乎本意。会，聚集。这里指野兽经常出没的地方。司，通"伺"，侦察。

⑩常持其网驱之：陶弘景注："持钓人之网，驱令就职事也。"

【译文】

别人在说话，是动；自己沉默不说，是静。根据对方说的话，听出对方言辞中透露的真实想法。对方言辞透露出的意思与己方想要得到的不相符合，就运用"反"的方法来求，对方的回应必定满足己方的需要。言语中有"象"，事物中有"比"，通过"象"和"比"的手法来探求言辞背后隐藏的真实意图。所谓"象"，便是用形象化的手法来比喻事物；所谓"比"，是以同类的言辞来做类比。因为采用象、比手法皆不直说，故能于无形之中而得到对方回应，了解到对方的实情。如果使用象、比手法说出的用作引诱的话能合于对方所想，那么对方的回应必会暴露事实，这些实情将为我所得。这就像张着兽网捕猎野兽一样，只要在野兽出没的地方多设一些网，伺机观察等候着，就一定能捕捉到野兽。针对对方使用的方法只要切合事理，对方自然就会暴露实情，这就是钓人的网，在实际生活中，常常要持钓人之网去驱使对方，使其为我所用。

其不言无比，乃为之变①。以象动之，以报其心，见其情，随而牧之②。己反往，彼覆来，言有象比，因而定基③。重之袭之，反之覆之，万事不失其辞④。圣人所诱愚智，事皆不疑⑤。故善反听者，乃变鬼神以得其情⑥。其变当也，而牧之审也⑦。牧之不审，得情不明；得情不明，定基不审⑧。

【注释】

①其不言无比，乃为之变：意谓若遇对方沉默不言，或其言辞中没有用来作类比推理的信息，则要变化谈论的方式，由反到覆，或由覆回反，利用更形象更贴切的语言来引诱对方。陶弘景注："或乖彼，遂不言无比，如此则为之变。变常易网，更有以象之者矣。"不言，沉默不言。无比，没有用来作类比的信息。高金体说："其不言无比者，彼人犹不相应也。"尹桐阳解释说："无比则彼情不能见。"

②"以象动之"四句：意谓用寓言或其他形象化的手法来暗合其内心，以此来使其实情显现出来，见到对方实情后，就可有针对性地驾驭他。陶弘景注："此言其变也。报，犹合也，谓更开法象以动之，

既合其心，则其情可见，因随其情慕而牧养之也。"
报，暗合，回应。

③"己反往"四句：陶弘景注："己反往以求彼，彼必覆来而就职，则奇策必申。故言有象比，则口无择言。故可以定邦家之基也。"己反往，彼覆来，意即我们发出揣测言辞，对方应答，如此多次反复。言有象比，因而定基，意谓对方应答之辞中有事物形象，有同类可比照之事物，可以因此而确定对方的行动意图，己方也因此能确定应对之谋略。定基，确定根本。

④"重之袭之"三句：意谓反反复复，处理事情的对策就不会有过失。陶弘景注："谓象比之言，既可以定基，然后重之袭之、反之覆之，皆谓再三详审，不容谬妄。故能万事允惬，无复失其辞也。"袭，因袭，沿袭。

⑤圣人所诱愚智，事皆不疑：陶弘景注："圣人诱愚则闭藏以知其诚，诱智则拨动以尽其情。咸得其实，故事皆不疑也。"诱，引导。愚智，愚昧的人和智慧的人，这里概指所有的人。

⑥故善反听者，乃变鬼神以得其情：按，此言反听术之要领，即变换各种手法，制造各种表象，发出多种言辞去试探对方，以拨动对方心弦，使对方开口说话，而得其真情。陶弘景注："言善反听者，乃坐忘遗鉴，不思玄览。故能变鬼神以得其情，洞幽微而冥会。夫鬼神本密，今则不能，故曰变也。"变

鬼神,像神鬼一样变幻莫测。

⑦其变当也,而牧之审也:意谓如果应化的策略得当,就能详尽考察对方。陶弘景注:"言既变而当理,然后牧之之道审也。"审,详尽。

⑧"牧之不审"四句:按,此言"牧之"、"得情"、"定基"之间的逻辑关系。揣情,目的是为了侦测得到对方真情,摸准对方意图,为己方决策奠定基础。揣情所用之反听之法,其试探手法首先要详尽,此所谓"牧之审";手法详尽,才能得悉真情,此所谓"得情明";掌握了对方情况,制定应对策略,此所谓"定基审"。陶弘景注:"情明在于审牧,故不审则不明;审基在于情明,故不明则不审。"

【译文】

如果对方沉默不言,或其言辞中没有用来作推理、类比的信息,这时就要变化谈论的方式。用"象"的手法使对方开而动,主动迎合对方的心理,从而见到对方的实情,进而驾驭对方。己方与对方这样经过几个来回之后,通过揣摩对方言辞之中的"象"和"比"来了解对方的底细,己方就能确定对付的基本策略了。像这样翻过来覆过去,任何事都可以从对方言辞中察知。圣人把反听之法用于任何人或事,都不会有差错。所以,善于反听的人,得情就像神鬼一样变幻莫测。己方言语应变得当,就能详尽考察对方。不能详尽考察对方,主要是对对方的实情不明了;因为对对方的实情不明了,所以才定不下驾驭对方的策略。

变象比，必有反辞，以还听之①。欲闻其声反默，欲张反敛，欲高反下，欲取反与②。欲开情者，象而比之③，以牧其辞。同声相呼，实理同归④。

【注释】

①"变象比"三句：意谓纵横策士在游说时，根据需要变换所言之形象或历史事例，对方因此变化而作反应，我方则从反馈之信息中获取对方真情。陶弘景注："谓言者于象比有变，必有反辞以难之，令其有言，我乃还静以听之。"反辞，对方反应之辞。

②"欲闻其声反默"四句：按，这是纵横家为人处世的辩证法，是对阴阳捭阖原理的具体运用。此句承《老子》而来。《老子》第三十六章说："将欲歙之，必固张；将使弱之，必固强之；将欲废之，必固兴之；将欲夺之，必固与之。是谓微明。"陶弘景注："此言反听之道，有以诱致之，故欲闻彼声，我反静默；欲彼开张，我反睑敛；欲彼高大，我反卑下；欲彼收取，我反施与。如此则物情可致，无能自隐也。"反，反而。敛，收聚。与，给。

③象而比之：即在引诱之辞中描绘同类事物之形象，或列举历史上同类事例作类比，以引发对方。

④同声相呼，实理同归：意谓声音相同就会彼此呼应，看法一致就会走到一起。这是利用心理共鸣的原理来打探对方实情。陶弘景注："欲开彼情，先设象比以动之，彼情既动，将欲生辞，徐徐牧养，令其自

言。譬犹鹤鸣于阴，声同必应，故能实理相归也。"

高金体说："蛙鸣鳖应，类自相从。"

【译文】

如果对对方实情不明了，就要用"变象比"之法，不断变换己方言辞中透露出来的"象"和"比"，对方一定有反应的言辞，然后己方再返回来听。总之，想听到对方的声音，己方反而先要静默；想让对方张开，己方反而先要收敛；如果想升高，己方反而要先下降；如果想取得，反而先要给予对方好处。要让对方"开"而露出实情，就通过"象"和"比"综合使用的办法，来驾驭言辞。声音相同就会彼此呼应，看法一致就会走到一起。

或因此，或因彼，或以事上，或以牧下①。此听真伪，知同异，得其情诈也②。动作言默，与此出入，喜怒由此以见其式③。皆以先定为之法则④。以反求覆，观其所托，故用此者⑤。己欲平静以听其辞，察其事，论万物，别雄雌⑥。虽非其事，见微知类⑦。若探人而居其内，量其能射其意，符应不失⑧，如螣蛇之所指，若羿之引矢⑨。

【注释】

① "或因此"四句：陶弘景注："谓所言之事，或因此发端，或因彼发端，其事有可以事上，可以牧下也。"上，上司。下，指下属。

② "此听真伪"三句：意谓反听之法可以辨别真伪，知

悉同异，识别真诚与伪诈。陶弘景注："谓真伪、同异、情诈，因此上事而知也。"情诈，真诚和伪装。

③"动作言默"三句：意谓用反听之法，对方行动言语，内心喜怒哀乐，无论与己合或不合，都能按规范掌控。陶弘景注："谓动作言默莫不由情，与之出入。至于或喜或怒，亦由此情以见其式也。"言默，言为开，默为阖。据《捭阖》篇，言为阳，默为阴。所以此处"言默"不是开口说话和沉默不语的意思，而是阴阳的代称。式，法式，这里指规律。

④先定：自己要先做好准备。

⑤"以反求覆"三句：陶弘景注："反于彼者，所以求覆于此。因以观彼情之所托，此谓信也。知人在于见情，故言用此也。"托，对方言辞背后的实情。

⑥"己欲平静以听其辞"四句：意谓己方要平心静气来听对方的言辞，察明事理，议论万物，分别好坏。陶弘景注："谓听言之道，先自平静，既得其辞，然后察其事，或论序万物，或分别雄雌也。"雄雌，好坏。

⑦见微知类：从事物的细微征兆来认识同类事物的类别、实质和发展趋势。陶弘景注："谓所言之事，虽非时要，然观此可以知彼，故曰见微知类也。""见微知类"推理术的关键是"明类"，即准确判断"所见"之"微"与所推之事是否为同类，若类同，推出之结果便是必然的。所以即使不是同一事物，只要是同类便可推理。

⑧符：古代朝廷用以传达命令、调兵遣将的凭证。材料有竹木或金玉，上面书写有文字，一剖为二，朝廷和出征的将领各持一份。

⑨如螣（téng）蛇之所指，若羿（yì）之引矢：陶弘景注："闻其言则可知其情。故若探人而居其内，则情原必尽。故量能射意，万无一失，若合符契。螣蛇所指，祸福不差。羿之引矢命处辄中。听言察情，不异于此。故以相况也。"螣蛇，传说中能飞的神蛇。郭璞云："龙类，能兴云雾而游其中也。"六朝时，术士以螣蛇占人的祸福。羿，后羿。神话中善射的英雄。矢，箭。

【译文】

反听之法，或者用在此处，或者用在彼处，或者用来侍奉上司，或者用来驾驭下属。这种方法能够有效地听到实情或不实之情，知道与己方是同或是异，能够看出对方是真诚或是伪诈。对方外在的身体行动或者内心的喜怒，都与反听之法相合拍，也都由反听之法来掌握它的规律。所有这些，都以己方要先做好准备为法则。用"反"来求对方回应，然后观察对方的真实意图，所以用这种方法。己方要平心静气来听对方的言辞，察明事理，议论万物，分别好坏。即使不是这个事，也可以从同类事物的微小征兆来推理认识此事的类别、实质和发展趋势。这就像钻到人的心中来探测人一样，知悉对方的能力，捕捉对方的意图。这种方法就像螣蛇所指祸福不差，后羿发箭必定命中那样百验不失。

故知之始己，自知而后知人也①。其相知也，若比目之鱼；其见形也，若光之与影②。其察言也不失，若磁石之取针，如舌之取燔骨③。其与人也微，其见情也疾④。如阴与阳，如圆与方⑤。未见形，圆以道之；既见形，方以事之⑥。进退左右，以是司之⑦。己不先定，牧人不正⑧。事用不巧，是谓忘情失道⑨。己审先定以牧人，策而无形容，莫见其门，是谓天神⑩。

【注释】

①故知之始己，自知而后知人也：按，此言重在"知己"。《孙子兵法》云："知彼知己者，百战不殆。"孙武强调知彼知己，而且知彼在前，知己在后，知彼比知己更加重要。与孙子不同，《鬼谷子》则更强调知己。以为知彼建立在知己基础上，知彼是从知己类推而得，即所谓"自知而后知人也"。陶弘景注："知人者智，自知者明。智从明生，明能生智。故欲知人，先须自知也。"始己，始于己，从自己开始。

②"其相知也"四句：知己以后知人，就像比目鱼一样，见其中一鱼，则必知其二；就像有光必定能看到影子一样。陶弘景注："我能知彼，彼须我知，必两得之，然后圣贤道合。故若比目之鱼，圣贤合则理自彰，犹光生而影见也。"此处是说得对方实情，陶注说君主得到贤臣为我所用，可参。比目之鱼，

鲽。旧说此鱼一目，须两两相并才能游行。见，同"现"。

③"其察言也不失"三句：意谓自知之后，得他人之情，如磁铁取针、舌之取燔骨一样容易。陶弘景注："以圣察贤，复何所失。故若磁石之取针，舌之取燔骨也。"陶注说君主得贤臣就像磁石取针、舌之取燔骨一样容易，与上句一样，从君臣关系立论。舌之取燔（fán）骨，用舌头从烤肉中褪出骨头。喻轻而易举。燔骨，炙肉中的骨头。燔，泛指烤肉。

④其与人也微，其见情也疾：意谓自知之后，己方给对方少，而得到对方回报多而快。与人，指己方给对方信息。见情，指知见对方实情。陶弘景注："圣贤相与，其道甚微，不移寸阴，见情甚疾。"

⑤如阴与阳，如圆与方：意谓自知之后，实施游说或进行计谋，像阴阳无处不在那样可以对任何人和事运用它，而它又像画圆画方需用规和矩那样在使用时应遵循一定的规则。陶弘景注："君臣之道，取类股肱比之一体，其来尚矣。故其相成也，如阴与阳；其相形也，犹圆与方。"阴与阳，圆与方，皆相对应。这里当泛指一切事物。

⑥"未见形"四句：意谓如果未见对方实情，则说一些投合对方的话，以引导他泄出实情；如果已经得到对方实情，则按照己方已经设计好的对策去行事。陶弘景注："谓臣向晦入息，未见之时，君当以圆道之，亦既出潜离隐，见形之后，即以才职任

之。"陶注说，臣之才华尚未显现，君应当引导而出，待其显露之后，再行任用。可参。圆，说一些投合对方的话。道，通"导"，引导。方，按规矩行事。《本经阴符七篇》曰："圆者所以合语，方者所以错事。"

⑦进退左右，以是司之：意谓知悉对方，或进或退，或左或右，任意自如。陶弘景注："此言用臣之道，或升进，或黜退，或贬左，或崇右，一准上圆方之理。故曰以是司之。"陶注以为左为贬迁，右为升职，非先秦时有。汉代贵右贱左，故将贬官称为左迁。《汉书·周昌传》："左迁"，颜师古注："是时尊右而卑左，故谓贬秩位为左迁。"宋时戴埴《鼠璞》："汉以右为尊。谓贬秩为左迁，仕诸侯为左官，居高位为右职。"后世沿用之。陶注与原意未合。

⑧己不先定，牧人不正：陶弘景注："方圆进退，己不先定，则于牧人之理，不得其正也。"牧，驾驭。

⑨事用不巧，是谓忘情失道：意谓如果未能做到己先定而仓促行事，那么就是忘记得情的规律。陶弘景注："用事不巧，则操末续颠，圆凿方枘，情道两失，故曰忘情失道也。"忘情失道，忘记得情的规律，失去得情之道。

⑩"己审先定以牧人"四句：按，此句强调自己先定之重要。己定则计策谋略不露形迹，对方找不到识破自己的任何缝隙，这是谋略的最高境界。陶弘景注："己能审定，以之牧人。至德潜畅，玄风远扇，

非形非容，无门无户。见形而不及道，日用而不
知。故谓之天神也。"陶注说"玄风远扇"，乃受魏
晋玄学大畅时影响，或于文意未合。形容，形状和
容貌。

【译文】

所以，从"知"这个角度来说，首先是从己方开始，
只有先自知然后才能知他人。自知与知他人，就像比目鱼
一样，是两两并列而行的。对方一现形，就像光一样显露
出来，己方就像影子一样，立即捕捉到对方的实情。己方
做到了自知，在观察对方的言辞，从中得到己方想要的东
西时，就像磁铁取针，舌头从炙肉中褪出骨头一样容易。
己方给予对方的少，而得到对方的实情却是又多又快。无
论用于"阴"或者"阳"的情况，"圆"或者"方"的事物，
都可以得心应手。如果未见到对方实情，则说一些迎合对
方的话，引导对方说出实情；如果得到对方实情，那么就
按照己方已经设计好的对策去行事。是进还是退，都是据
此来定夺。总之，己方如果不先定，那么就不能驾驭对方。
如果在己方未定的情况下仓促行事，那就是忘记得情的规
律。己方先定然后来驾驭对方，做到计策谋略不露行迹，
对方找不到识破己方的任何缝隙，这是获得对方实情的最
高境界。

内揵第三

　　内，指内心世界。揵，通"楗"，闭塞之开关，即锁。内揵，字面的意思是从内心深处锁住。本篇意为通过适当的游说探知君主内心，并从内心与之结交。在纵横家理论中，打开君主的内心世界，只有用言辞去游说，而游说的内容是为君主出谋划策，帮助对方解决疑难。本篇旨在说明：游说之士如何打开君主的内心世界，打动君主，赢得君主对自己的信任，使双方的关系像锁和钥匙一样亲密无间。陶弘景题注说："揵者，持之令固也。言君臣之际，上下之交，必内情相得，然后结固而不离。"陶注指出，游说之士所说要想被君主采纳，必须要深入君主内心，君臣相交，在内心里结下深厚的感情，然后得到信任而不离弃。俞樾说："此篇名《内楗》。楗即键也。《周官》：'司门掌授管键。'司农注曰：'管谓钥也，键谓牡。'然则内楗者，谓纳键于管中。"俞樾说楗即"键"，意即是锁。锁的功用其实在其内部结构，打开锁也需将钥匙插进去。内揵意亦强调从内部打开。本篇内容主要由内揵的方法与原则两个部分所组成。

　　关于内揵的方法。由于君臣之间存在复杂的关系，"有远而亲，近而疏，就之不用，去之反求。日进前而不御，遥闻声而相思"，所以国君的内心世界是很难窥破的。正因为如此，才需要"内揵"之法。那么，如何才能打开君主的内心世界呢？方法是"或结以道德，或结以党友，或结以财货，或结以采色"，从国君外在的爱好来窥探其内心世界。

　　所谓"结以道德"，对一些爱好道德仁义并想用仁义来治

国的君主，就要以讲道德仁义来结交他，这不是投其所好，而是让他觉得你能帮助他。

所谓"结以党友"，对一些喜欢建立自己心腹的人才队伍的君主，要以与他结党成为他的心腹的方式来结交他，以得到他的信任。

所谓"结以财货"，对一些爱财喜欢奇珍异宝的君主，就送给他们金银财宝，以接近他们，并得到游说对方和任用的机会。

所谓"结以采色"，对一些喜欢声色犬马爱好美色的君主，就送给他们美女、歌舞、玩物等满足他们的喜好。对方收到这些，在内心里就接纳了你，你也就获得了游说或任用的机会。

关于运用"内揵"之法的原则。主要有三个原则：

其一，力求自保原则。如果当权者的内心世界尚未熟知，就不要轻举妄动。所谓"不见其类而为之者见逆，不得其情而说之者见非。得其情，乃制其术"。

其二，内心相合原则。即使己方已经得知当权者内心的真实想法，但是己方的内心与当权者的内心不相符合，也不能实施游说或为之出谋划策，即所谓"内有不合者，不可施行也"。只有己方与当权者的内心想法一致，才能构建稳固的亲密关系。

其三，等待时机原则。即使己方与当权者的内心世界一致，也要寻找时机，且在实施过程中，须灵活变化。所谓"乃揣切时宜，从便所为，以求其变"。

游说和策谋是纵横家进行社会活动的两个主要内容。刘向《战国策叙录》说："臣向以为战国时，游士辅所用之国，为之策谋，宜为《战国策》。"《战国策》是纵横家的社会活动记录，其内容是游士进献策谋。游士进献策谋的方法就是游说。"说"是形式，"说"的内容就是所献之"谋"。所以，策士如何成功进行游说是第一步。而如何打开当权者的内心则又是进行游说的前提。《内揵》专论游士如何打开当权者的内心，是一篇关于如何进行游说和策谋的专论。本篇提出了一些原则和方法，对纵横家的社会实践起到非常大的指导作用。

　　战国时期处于社会大变革时期，战争连年，礼崩乐坏。面对复杂的天下与国内局势，只有具有足够高的智慧才能应付，于是出现崇拜智慧的社会风气。那些掌握土地、人口、军队的诸侯国君，他们个人的智慧和力量已经很难适应瞬息万变的局势，各诸侯国内原有的思想与社会制度也已经不能适应新的时代要求，各诸侯国为了生存，都不拘一格地选择人才和使用人才。过去的按血统、出身授官的用人制度逐渐被唯才能智力而取士的新制度所替代。在此社会背景下，政治舞台上出现一批士子。这些士子没有高贵的出身、丰厚的资产，有的只是知识智能谋略。而要在政治舞台上有所作为，就必须依附诸侯国的国君或实际掌控诸侯国实权的人。一方面，君主们为富国强兵，救亡图存需要富有智慧的参谋帮手；另一方面，士子也需要选择能够实现自己理想的君主，这样就出现了用人与择主的双向选择的问题，这也是君臣遇合的问题。本篇也是就此问题的一篇专论。

　　君臣上下之事，有远而亲，近而疏①，就之不用，去之反求②。日进前而不御，遥闻声而相思③。事皆有内捷，素结本始④。或结以道德，或结以党友，或结以财货，或结以采色⑤。用其意，欲入则入，欲出则出；欲亲则亲，欲疏则疏；欲就则就，欲去则去；欲求则求，欲思则思⑥。若蚨母之从子也，出无间，入无朕，独往独来，莫之能止⑦。

【注释】

①远而亲，近而疏：此言君臣关系，有身远反得到亲近，身近反遭疏远。按，这是对君臣关系作的辩证论述。志同道合则亲，反之则疏。亲疏，指实际的信任程度。所以陶弘景注说："道合则远而亲，情乖则近而疏。"有人以为，远和近非指距离，而是血缘或亲戚关系，亦通。

②就之不用，去之反求：陶弘景注："非其意则就之而不用，顺其事则去之反求。"就，靠近。用，任用。求，征召。

③日进前而不御，遥闻声而相思：陶弘景注："分违则日进前而不御，理契则遥闻声而相思。"陶注"分违"，意即缘分相违背。陶注"分"，乃"缘分"，乃佛学术语，与战国时代不合。御，用。

④事皆有内捷，素结本始：意谓欲知国君内心，并从内心与国君相缔结，务必从根本的事情上做起。陶弘景注："言或有远而相亲，去之反求，闻声而思

者，皆有内合相持，素结其始。故曰皆有内揵，素结本始也。"素，平时。本始，本原，原始。

⑤ "或结以道德"四句：陶弘景注："结以道德，谓以道德结连于君。若帝之臣，名为臣，其实为师也。结以党友，谓以友道结连于君。王者之臣，名为臣，其实为友也。结以货财，结以采色，谓若桀纣之臣，费仲、恶来之类是也。"陶注说"费仲"、"恶来"亦以费、恶二人谄谀国君，以满足国君之声色娱乐之好。在《史记·周本纪》中记有西方崇国的君侯曾向殷纣王告发"西伯积善累德，诸侯皆向之，将不利于帝"。商纣王"乃囚西伯于羑里"。西伯昌之臣闳夭买通了费仲，给商纣王献上了"有莘氏美女，骊戎之文马，有熊九驷，他奇怪物"。商纣王非常高兴，说："此一物（按：指有莘氏美女）足以释西伯，况其多乎！"于是释放了西伯，并"赐以弓矢斧钺"。几年后，西伯伐灭了崇国。西伯即周文王，后来文王之子武王伐纣，灭了商。武王灭商，其源头就是文王行贿给费仲，并通过费仲给商纣王进献"采色"。恶来，亦为纣王之臣，以勇力著称，得纣王任用后，不辨黑白，一味谄谀纣王。武王伐纣时被杀。采色，绚丽成章之颜色。这里指满足耳目视听之好的女色、音乐、歌舞等娱乐形式。

⑥ "用其意"九句：按，此言如果能合理运用"或结以道德，或结以党友，或结以财货，或结以采色"

来结交君主，那么就能打开君主内心，从内部结交君主。这是"内揵"的具体做法。陶弘景注："自入出以下八事，皆用臣之意，随其所欲，故能固志于君，物莫能间也。"用，因，因顺。

⑦ "若蚨（fū）母之从子也"五句：按，此以蚨母之从子喻臣与君的关系固结牢不可破。陶弘景注："言蚨母养子，以盖覆穴，出入往来，初无间朕，故物不能止之。今内揵之臣，委曲从君以自结固，无有间隙，亦由是也。"蚨母之从其子，意指青蚨母子相随而不分离。蚨母，即青蚨。一种昆虫，形似蝉而稍大。取蚨子，其母无论远近即飞来相救。干宝《搜神记》卷十三云："（蚨母）生子必依草叶，大如蚕子。取其子，母即飞来，不以远近。虽潜取其子，母必知处。以母血涂钱八十一文，以子血涂钱八十一文，每市物，或先用母钱，或先用子钱，皆复飞归，轮转无已。"陶弘景注："蚨母，蠮螉也。似蜘蛛，在穴中，有盖。"陶说"蚨母"乃"蠮螉"，误。朕，行迹，预兆。

【译文】

君臣上下之间的事，是很难预料的。有的人与君主相距遥远反而受君主亲近，有的人与君主近在咫尺反而被君主疏远。有的人主动亲近君主，反而不被使用；有的人要离开反而被君主所诏求。有的人天天出现在君主面前也得不到任用，有的人只是远远听到他的名声，君主却朝思暮想要得到他。这都是由于内心相知的程度不同所致，本源于君臣之间平时的结交。有的以道德结交，有的以志趣相投的朋友之道相结交，有的以财物相结交，有的以美色娱乐相结交。顺着君主之意，那么，你就能想入就入，想出就出；想亲就亲，想疏就疏；想靠近就能靠近，想离开就能离开；想自己得到征召，就能得到征召；想让君主思念自己，就能让君主思念。就像青蚨母子相随而不分离一样，出与入都没有缝隙行迹，独自自由自在地往来，没有人能够阻止。

内者，进说辞也①；揵者，揵所谋也②。欲说者，务隐度③；计事者，务循顺④。阴虑可否，明言得失，以御其志⑤。方来应时⑥，以合其谋⑦。详思来揵，往应时当也⑧。

【注释】

① 内者，进说辞也：即以言辞交结君主。陶弘景注："说辞既进，内结于君，故曰内者进说辞也。"

② 揵者，揵所谋也：意谓揵就是向君主进献计谋，以计谋来打通阻塞，得到君主的信任。陶弘景注："度情为谋，君必持而不舍，故曰揵者揵所谋也。"揵所谋，如何用计谋来打通阻塞。

③ 欲说者，务隐度：按，言此策士游说时，应先暗中揣度君王之心意、品质，投其所好而游说，则所说必成。陶弘景注："说而隐度，则其说必行。"隐度，暗中揣度。度，审度。

④计事者，务循顺：意谓计谋时应顺从君主之意愿去谋划。因为策士们出谋划策是为解决君主面临的政治军事等问题，而在采纳计谋、执行决策中，君主是主动者，故在决策时要顺从君主心意，吸引其注意，按我方之谋划解决君主的问题。陶弘景注："计而循顺，则其计必用。"循顺，依靠，顺着。

⑤"阴虑可否"三句：意谓自己先暗中思虑成熟，知悉事情可否后，再公开说出行事之得失，以此来迎合君主意志。陶弘景注："谓隐虑可否，然后明言得失，以御君志也。"阴虑，暗中考虑。明言，公开讲。御（yà），迎接。

⑥方来应时：意谓进献计谋要契合时机。方，计谋。应时，切合时宜。

⑦以合其谋：按，此言计谋既合君心，又合时势要求，必与君主之谋划相合。合其谋，合于君谋。

⑧详思来捷，往应时当也：意谓先须经过详细周密的计谋，然后回应君主，与君主缔结稳固关系，则没有不当。陶弘景注："详思，计虑来进于君，可以自固；然后往应时宜，必当君心也。"详思来捷，经过详细思考才能运用"捷"，入结君主内心。

【译文】

所谓"内"，就是向君主进献言辞，以言辞来结交君主；所谓"捷"，就是向君主进献计谋，以计谋来打通阻塞，得到君主的信任。想去游说君主的时候，必须先审时度势，暗中揣测君主的真实想法和意图；要想向君主进献计谋时，必须顺着君主的意愿。己方暗中考虑是否可行之后，再对君主公开说出行事之得失，以此来迎合君主的心志。进献计谋要选准时机，对方一旦有应，即进献以合于国君的谋虑。先须经过详细周密的计谋，然后去回应君主，那么，则没有不当的。

　　夫内有不合者，不可施行也①。乃揣切时宜，从便所为，以求其变②。以变求内者，若管取捷③。言往者，先顺辞也；说来者，以变言也④。善变者，审知地势，乃通于天，以化四时；使鬼神，合于阴阳，而牧人民⑤。见其谋事，知其志意⑥。事有不合者，有所未知也⑦。合而不结者，阳亲而阴疏⑧。事有不合者，圣人不为谋也⑨。

【注释】

①夫内有不合者，不可施行也：意谓如果策士进献说辞或者计谋不能契合于国君内心，那么就不可付诸实行。陶弘景注："计谋不合于君，则不可施行也。"内，此处既指言辞，亦指计谋。

②"乃揣切时宜"三句：意谓游说或进献计谋，一定要根据实际情况，选择适当时机，从有利于君主实施的实际情况出发，及时调整变化。如此便能更合君心，更容易取得成功。陶弘景注："前计既有不合，乃更揣量切摩当时所为之便，以求所以变计也。"揣切，揣量，切摩。时宜，时机是否相宜。

从便所为，从所为之便，意即从有利于实施的方便出发。

③以变求内者，若管取捷：意谓己方若能根据形势及时求变，那么内结于君就像钥匙开锁一样容易。陶弘景注："以管取捷，捷必离；以变求内，内必合。"管，钥匙。捷，通"楗"，门闩。

④"言往者"四句：陶弘景注："往事已著，故言之贵顺辞；来事未形，故说之贵通变也。"按，此为游说原则之一。在游说中涉及已发生的事件，要用"顺辞"，即顺从君主之意的言辞，如此方能取得君主好感，博得君主任用；在游说中涉及还未发生的事件时，要用"变言"，即有变通余地的话，免得将来事件发生后，与自己所言不合，从而失去君主的信任。顺辞，顺合君主之意的言辞。变言，变换言辞。

⑤"善变者"七句：按，此言善变之重要。变，乃《鬼谷子》反复强调之策略。善变须做到：知地理形势、通四时变化规律、合于阴阳之道。明白这个道理，就可以明天意、役鬼神、牧人民。陶弘景注："善变者，谓善识通变之理，审知地势则天道可知。故曰：乃通于天。知天则四时顺理而从化，故曰：以化四时。鬼神者，助阴阳以生物者也，道通天地，乃能使鬼神，合德于阴阳也。既能知地通天，化四时，合阴阳，乃可以牧养人民。"

⑥见其谋事，知其志意：陶弘景注："其养人也，必见

其谋事而知其志意也。"志意，心志和意向所在。

⑦事有不合者，有所未知也：意谓如果所献计谋不合
君意，那么还是对君意了解得不够透彻。陶弘景
注："谓知之即与合，未知即不与合也。"事有不合，
所行之事有与君主之意不相符合的。有所未知，对
君主之意还有不完全了解的地方。

⑧阳亲而阴疏：君主表面上应和我方决策，但内心里
却不认可、不执行我方决策。

⑨事有不合者，圣人不为谋也：意谓圣人谋与君主深
结于心，如果不能深结于君，就不去作谋划。陶弘
景注："不合，谓圆凿而方枘。故圣人不为谋也。"

【译文】

如果己方的言辞或计谋与君主不合的，就不能施行。
于是就揣摩时机是否适宜，从有利于实施的方便出发，来
改变策略，以灵活变通的方式来结交君主。做到这样，那
么达到目的就像用钥匙开锁一样，变被动为主动。游说时，
涉及已发生事件，要用"顺辞"，即顺从君主之意的言辞；
在游说中涉及还未发生的事件时，要用"变言"，即有变通
余地的话。善于应变的须做到知悉各国地理形势、精通天
文四时的变化；这样就能做到役使鬼神，与阴阳之理相合，
驱使民众。见到君主处理事情的计谋和措施，就能知道他
的真实想法和意图。己方所行之事有时不能与君主之意相
合，是因为我们对对方之意了解不够多。如果对君主之意
了解不多，即使己方主动迎合他，也不能得到君主发自内
心的真诚信任，表面上与己方亲近而暗地里却很疏远。不

合于君主之意的事，圣人是不会谋划的。

　　故远而亲者，有阴德也；近而疏者，志不合也①。就而不用者，策不得也；去而反求者，事中来也②。日进前而不御者，施不合也；遥闻声而相思者，合于谋以待决事也③。故曰：不见其类而为之者见逆，不得其情而说之者见非④。得其情，乃制其术⑤。此用可出可入，可揵可开⑥。故圣人立事，以此先知而揵万物⑦。

【注释】

① "故远而亲者"四句：按，此回应上文"远而亲，近而疏"。阴德，意谓暗中合于君心。阴，暗中。德，通"得"。阴德与"志不合"对言，故其言当为志暗合。陶弘景注："阴德谓阴私相得之德也。"

② "就而不用者"四句：按，此回应上文"就之不用，去之反求"。意谓亲近时反而不被重用，是因为对事情的预测及计策不被国君接受；离去反而求他回来，是因为其预测之事后来终于应验了。陶弘景注："谓所言当时未合，事过始验。故曰事中来也。"事中来，预测的事情后来应验了。

③ "日进前而不御者"四句：按，此回应上文"日进前而不御，遥闻声而相思"。意谓计谋或措施一定要与君主相合，得到君主认可。如果不能与君主相合，就是天天在君主眼前也不会得到重用，而如果

计谋与君主所需相合，就是距离很远，君主也会想念你，想和你共同谋划以决定事项。陶弘景注："谓彼所行合于己谋，待之以决其事，故遥闻声而相思也。"施，措施。

④不见其类而为之者见逆，不得其情而说之者见非：按，此即游说与计谋之总原则。意谓若不能找到双方的共通之处而仓促谋事，则必被排斥，得不到对方实情而实施游说，则必被否定。此处既强调得对方实情，又强调在得情之后所献之计谋与对方相合。陶弘景注："言不得其情类而为说者，若北辕适楚，陈轸游秦，所以见非逆也。"见逆，被排斥。见非，被否定。

⑤得其情，乃制其术：意谓在得到对方实情的基础上，制定有效措施。陶弘景注："得其情则鸿遇长风，鱼纵大壑，沛然莫之能御。故能制其术也。"情，实情。制，制定。

⑥此用可出可入，可捷可开：意谓得情之后，想参政即被召求，想出世即可离去，与君主打交道就可自由驾驭。陶弘景注："此用者，谓用其情也，则出入自由，捷开任意也。"此用，此法用之实践。

⑦故圣人立事，以此先知而捷万物：意谓圣人成事皆以得情为重，以先知为要，如此，则可控制万物。陶弘景注："言以得情立事，故能先知可否，万品所以结固而不离者，皆由得情也。"捷万物，控制万事万物。

【译文】

所以那些关系疏远反而得到君主亲近的人，是因为他们与君主暗中心意相通；那些关系亲近反而被君主疏远的人，是因为他们与君主之意不能契合。主动亲近反而不被任用的，是因为他的预测和策略不得于君主之心；离开朝廷反而被君主下令诏回的人，是因为他预测的事后来应验了。天天在君主面前不被任用的人，那是因为措施不合于君主之意；君主远远听到他的名声就朝思暮想要得到的人，那是因为他的计谋与君主相合，君主等待他来决策事情。所以说如果找不到双方的共通之处而仓促谋事，则必遭排斥；得不到对方的实情而实施游说，则必被否定。得到对方的实情，才能制定出有针对性的措施。此法用之实践，就可自由自在地出入朝廷，就可轻易地与君主的内心相交结，而使君主敞开心扉。所以圣人能成就事业，就是在知悉客观情况基础上，预先知道可否，所以才能驾驭万物。

由夫道德、仁义、礼乐、忠信、计谋①，先取《诗》《书》②，混说损益，议论去就③。欲合者用内，欲去者用外，外内者必明道数④。揣策来事，见疑决之⑤。策而无失计，立功建德⑥。

【注释】

①由夫道德、仁义、礼乐、忠信、计谋：按，此言得情之后，进行游说时遵循"道德、仁义、礼乐、忠信"的准则，尽量让言辞中蕴含的计谋产生正面的

效应。因为这样更容易被君主所接受。陶弘景注："由夫得情，故能行其道德仁义以下事也。"

②取《诗》《书》：《诗》即《诗经》。先秦时称"诗"或"诗三百"，西汉时尊为经，称《诗经》。《书》即《尚书》。先秦时称"书"，西汉时尊为经，又称《书经》。春秋战国时期，在外交场合往往引用《诗经》或《尚书》中的只言片语，来做说服的例证。

③混说损益，议论去就：意即游说时，策士往往要在所引用的《诗经》、《尚书》等书中的词句中夹杂进自己的言辞，来议论事项，最后再决定留下辅助还是离开君主。陶弘景注："混，同也。谓先考《诗》《书》之言，以同已说，然后损益时事，议论去就也。"混说，夹杂进自己的说法。议论，议论时局。去就，决定去留。

④"欲合者用内"三句：按，此言"内结于君"与"不合于君"两种情况，无论选择哪种都必须明白按规律去做。陶弘景注："内谓情内，外谓情外。得情自合，失情自去，此盖理之常也。言善知内外者，必明识道术之数。"内，入结于君。外，不合于君。外内，不苟合不取宠。道数，规律。

⑤揣策来事，见疑决之：意谓先揣测事情的未来发展趋势而后计谋，见到疑问，然后作出决断。陶弘景注："预揣来事，见疑能决也。"揣，揣测。策，计谋。

⑥策而无失计，立功建德：意谓所谋策略没有失算，

就能取得成功。陶弘景注："既能明道数，故策无失计。策无失计，乃立功建德也。"失计，失算。

【译文】

在游说时，要顺着道德、仁义、礼乐、忠信、计谋等方面来进言，从《诗经》、《尚书》中征引语句，在此基础上夹杂进自己的言辞，或增加或减少，来议论时局，决定自己是离开还是留下辅助君主。如果决定辅助君主，那么就要与君主的内心相交结；如果要离开，那么就不用去迎合君主的内心了。无论是用"外"还是用"内"，都必须符合与君主相处的规律。对遇到的疑难之事，先揣测清楚然后再出计谋解决它。计谋从来没有失策的，就能立功建立德业。

治名入产业，曰揵而内合①。上暗不治，下乱不寤，揵而反之②。内自得而外不留，说而飞之③。若命自来，己迎而御之④。若欲去之，因危与之⑤。环转因化，莫知所为，退为大仪⑥。

【注释】

①治名入产业，曰揵而内合：意谓策士既要能帮助国君处理好君臣之间的职分，又能助其治理民众，这样国家就能得到治理。策士也能从内部打开君主，与之交结而得任用。陶弘景注："理君臣之名，使上下有序；入贡赋之业，使远近无差。上下有序则职分明，远近无差则徭役简，如此则为国之基日固。

故曰捷而内合也。"治名，辨析名分，指确立君臣的职责。入产业，治理民众，使之有产业。

②"上暗不治"三句：意谓策士如果遇到君主昏庸，臣下作乱而不醒悟，那么就从内心里决定反回来，不再为其服务。陶弘景注："上暗不治其任，下乱不瘳其萌。如此天下无邦，域中旷主。兼昧者，可行其事；侮亡者，由是而兴。故曰捷而反之。"上，君主。暗，昏庸。下，臣。瘳，醒悟。

③内自得而外不留，说而飞之：意谓策士在游说时，对那些内心自以为是，听不进别人意见的人，则假意赞扬、称颂他，博得其欢心和信任，然后再控制他，使其为我所用。陶弘景注："言自贤之主，自以所行为得，而外不留贤者之说。如此者，则为作声誉而飞扬之，以钓其欢心也。"内自得，内心自以为得。外不留，别人进言，不被采纳。飞，假意称颂。

④若命自来，己迎而御之：陶弘景注："君心既善，己必自有命来。召己则迎而御之，以行其志也。"迎，接受。御，侍奉。

⑤若欲去之，因危与之：意谓如果想离开君主，就说自己在他那里继续待下去将会危害到他。陶弘景注："翔而后集，意欲去之，因其将危与之辞矣。"俞樾说："危，读为诡。古字'诡'与'危'通。"诡，意即欺诈。俞樾说的意思是策士就以欺诈的方式对待君主，可参。尹桐阳说："危与，高举也。高举，谓不仕。"尹说解"危与"为隐居，于义未妥。

⑥"环转因化"三句：意谓或入或出，像圆环一样，随时作出应变。但如果自己对对方所为实在不知，己方对情势驾驭不了，那就赶紧退却，这是保全自身的基本法则。陶弘景注："去就之际，反复量宜，如圆环之转，因彼变化。虽优者莫知其所为，如是而退，可谓全身大仪。仪者，法也。"大仪，大法，基本法则。

【译文】

既能帮助国君处理好君臣之间的职分，又能帮助国君治理百姓，使百姓有固定的产业，这就叫从内部与君主交结。君主昏暗，国家得不到治理，臣民作乱，国君尚不悟而觉察，则可考虑返回，不再为其谋划。对于那些内心自以为是而不能采纳别人之说的君主，己方只能假意去称颂他，以钓取他的欢心。如果有君主之命来召己，那么就接受它侍奉它，然后使用它以行自己的意愿。如果自己要离开君主，就说自己继续留在君主身边将会危害到他，这样君主就自然会放行。或去或留，就像圆环一样随着情况的不同而转换，让人不知他的作为。做到这样，可以说是能懂得全身而退的大法则了。

抵巇第四

巇（xī），缝隙。陶弘景题注："巇，衅隙也。"归有光说："巇，音僖，山险也，间隙也。"抵有二义，一作"抵"，击。《汉书·杜周传》的评赞中有"因势而抵陒"句，颜师古注解说："抵，击也。陒，毁也。言因事形势而击毁之也。"又说："一说陒读与巇同，音许宜反。巇亦险也。言击其危险之处。《鬼谷》有《抵巇》篇也。"按照颜师古的解释，抵巇就是攻击对方的缝隙、弱点以达到目的。二曰堵塞。陶弘景题注："抵，击实也。"尹桐阳曰："抵字当同抵，堵塞之谓。"抵巇之义即堵塞缝隙。抵巇，既有击打缝隙，又有弥缝缝隙之意。陶弘景题注："墙崩因隙，器坏因衅，方其衅隙而击实之，则墙器不败，若不可救，因而除之，更有所营置，人事亦犹是也。"陶注是符合"抵巇"之意的。

本篇认为事物的运动总有离有合，总有缝隙可寻，抵巇乃一种或弥补缝隙、或从缝隙入手破坏事物的处世之术。内容上主要包含抵巇之原理与抵巇之方法两个部分。

关于抵巇之原理。文中认为万事万物的生成与发展皆遵循自然法则，沿着"合"与"离"两者在运行，不可避免地要出现罅隙。小的缝隙是比较容易弥补的，所谓"巇始有朕，可抵而塞，可抵而却，可抵而息，可抵而匿"。因此，必须在缝隙尚小的时候，及时加以弥补，"此谓抵巇之理也"。但是如果小的缝隙不加以弥补，就会发展成大的裂隙，最后导致土崩瓦解，此乃事物发展之客观规律。

关于抵巇术使用之方法。主要有两种："或抵而塞之"，"或

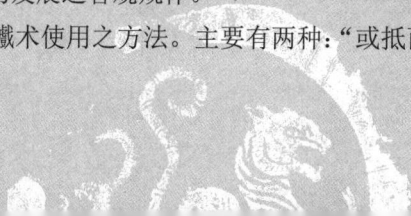

抵而得之"。纵横策士在复杂的社会政治生活中，使用抵巇之术时，须依据不同情况灵活对待。当一个国家或社会，在国家治理或社会管理过程中有漏洞，但还不能就此否定此社会政治的存在价值时，策士即须运用自己灵敏的社会政治洞察力，去发现这些漏洞，并用自己的智慧去帮助人主弥补这些漏洞，使社会政治清明，人民安居乐业，世道恢复太平，自己也因此得到国君赏识和重用，在政治上获得爵位的封赏，在经济上得到丰厚的回报，人生价值得以实现。此为"抵而塞之"之法。当一个国家或社会，面临深重的危机，政治昏暗，人心失散，漏洞百出而无法通过弥补缝隙的方法达到治理时，策士可把握时机，朝漏洞出击，使漏洞扩大而不可收拾，最后毁掉一个旧秩序，然后运用计谋策略，建立一个新秩序。此为"抵而得之"之法。运用抵巇之法时，也应根据时代要求灵活运用，只有如此，才可无往而不胜。

本篇所说观点，说明《鬼谷子》只可能产生于春秋战国的时代环境中。因为只有在春秋战国时期，有作为有能力的臣子取代无能的君主的事件才经常发生。董仲舒在《春秋繁露·王道》中说"弑君三十二，亡国五十一"，《汉书·刘向传》也说"弑君三十六，亡国五十二"，都是说春秋时期，臣下犯上杀掉君主的有三十多例。如晋献公死后，遗言立骊姬的儿子奚齐为国君，但晋国大臣里克杀了奚齐。晋国顾命大臣荀息立奚齐的弟弟悼子为晋国国君，后又被里克所杀。后来晋国的韩、赵、魏三个家族分裂了晋国，成为三个独立的国家。齐国的大臣田成子取代了姜齐而建立了田齐。再如孟子就评价武王伐纣，说："闻诛一夫纣矣，未闻弑君也。"《抵巇》篇所说的"抵而得之"，与孟子思想是相通的。另，托名姜太公的《六韬》，一般认为是战国时期的作品。《六韬·武韬·发启》篇说："天下者，非一人之天下，乃天下之天下也。取天下者，若逐野兽，而天下皆有分肉之心。"天下是公器，属于天下的所有人。本篇所阐述的"抵而得之"思想，就是"分肉之心"的具体表现，这在秦建立中央集权的君主专制制度以后是不可想象的。所以，《鬼谷子》产生于春秋战国的时代语境中是没有疑问的。

当然，鬼谷子比孟子思想具有更加民主的内涵。《孟子·万章下》记载齐宣王问"贵族之卿"，孟子说："君有大过则谏；反覆之而不听，则易位。"结果"王勃然变乎色"。齐宣王又问"异姓之卿"。孟子回答说："君有过则谏；反覆之而不听，则去。"孟子说只要这个君主"谏而不听"，同姓贵族可以取代君主而自立，而"异姓"大臣，则只能离去，不可取代。孟子主张的臣取代君，还是限于同姓贵族之间，异姓之臣则不可以。这是受儒家思想约束的。自西周宗法制以来，中国一直实行是家天下的制度。《诗经·小雅·北山》："普天之下，莫非王土。率土之滨，莫非王臣。"天下一家，国王就是这个大家庭的主人。同姓贵族取代君主，实际上还是一个家族内部的事。鬼谷子则肯定异姓之臣也可取代君主，所以比孟子具有更彻底的民主思想，这与宗法制的观念是格格不入的，而与近代以来人们的认识有惊人的相似。这也是《鬼谷子》现代价值的一个方面。

物有自然，事有合离①。有近而不可见，有远而可知②。近而不可见者，不察其辞也；远而可知者，反往以验来也③。巇者，罅也④。罅者，涧也；涧者，成大隙也⑤。巇始有朕⑥，可抵而塞⑦，可抵而却⑧，可抵而息⑨，可抵而匿⑩，可抵而得⑪。此谓抵巇之理也⑫。

【注释】

①物有自然，事有合离：意谓人事合离像物自然而生一样，非人力之所能为。陶弘景注："此言合离者，乃自然之理。"李善《文选注》引云："鬼谷子曰：物有自然。"即出于此。自然，非人为的，天然。

②有近而不可见，有远而可知：意谓若不知物之自然属性，不明社会事件之分合规律，则发生在身边之事，也认识不了；反之，若把握了自然规律和社会规律，远处之事物也能一目了然。

③"近而不可见者"四句：陶弘景注："察辞观行则近情可见，反往验来则远事可知。古犹今也。故反考往古则可验来今，故曰反往以验来也。"反，同"返"。来，未来。

④罅（xià）：裂缝，空隙。此处指小的缝隙。

⑤"罅者"四句：按，此言事物之发展趋势皆由小到大，若处理不善，则将崩毁。陶弘景注："隙大则崩毁将至，故宜有以抵之也。"涧（jiàn），山与山之间的缝隙。此处指中等缝隙。

⑥眹（zhèn）：通"朕"，征兆，迹象。陶弘景注："眹者，隙之将兆，谓其微也。"

⑦可抵而塞：按，这是从内部来说的。抵，挡，这里指弥补。塞，堵塞。

⑧可抵而却：按，这是从外部来说的。却，退却。

⑨可抵而息：按，这是从"开"来说的。息，止息，休息。

⑩可抵而匿：按，这是从"合"来说的。匿，藏。

⑪可抵而得：按，上述四种皆从正面来说，这是从反面来说的。得，得到，取代。

⑫此谓抵巇之理也：按，以上几句乃说抵巇术之总方法。《鬼谷子》依阴阳立论，此五者亦当如此。前四者总归为"塞"，避免事态进一步扩大；后一归为"得"，取而代之也。合而观之，谓抵巇之理也。然"塞"占其四，不得已才"得"之，可见"堵塞"在"抵巇"术中占主导。陶弘景注："自中成者，可抵而塞；自外来者，可抵而却；自下生者，可抵而息；其萌微者，可抵而匿；都不可治者，可抵而得。深知此五者，然后尽抵巇之理也。"

【译文】

人和事物的发展有时相合，有时背离，就像物自然而生一样，非人力所能够控制。有时近在眼前却看不到，有时远在天边却了解得很清楚。近在眼前却看不见的原因，是因为没有考察对方的言辞；远在天边却被认知，是因为己方能够返回历史，寻找历史上同类事例的解决办法，或经验、或教训，来比证今天。巇就是小的裂缝，小的裂缝会发展成中等裂缝，中等裂缝最终会发展成大的裂缝。小的裂缝在内部开始显示征兆的时候，可以用"抵"的方式来堵塞上；小的裂缝在外部出现的时候，可以用"抵"的方式来消除它；小的缝隙公开出现的时候，可以用"抵"的方式来让它闭息；小的缝隙在暗中成长的时候，可以用"抵"的方式来让它藏匿；如果小的缝隙已经大得不能弥补了，那么就用"抵"的方式来取代它。这就是"抵巇"的道理。

　　事之危也，圣人知之，独保其身①。因化说事，通达计谋，以识细微②。经起秋毫之末，挥之于太山之本③。其施外，兆萌芽蘖之谋，皆由抵巇④。抵巇之隙，为道术用⑤。

【注释】

①"事之危也"三句：陶弘景注："形而上者，谓之圣人。故危兆才形，朗然先觉，既明且哲，故独保其身也。"危，危险的征兆。

②"因化说事"三句：陶弘景注："因化说事，随机逞术，通达计谋以经纬，识细微而预防之也。"因化说事，顺应客观情况的变化来分析事物。

③经起秋毫之末，挥之于太山之本：意谓事理常常由细小缝隙而开始，如不弥补，发展下去就会动摇泰山的根基。陶弘景注："汉高奋布衣以登皇极，殷汤

由百里而取万邦。经，始也，挥，发也。"汉高祖就是由布衣而始，最后成为天子，商汤由方圆百里的地方最后统一万邦，事物都是由小到大的发展，不可不认识到这一点。经，经始，开始。秋毫之末，即秋天鸟类羽毛的末端，形容最细微的事物。挥，动。太山之本，泰山的根基。

④"其施外"三句：陶弘景注："官乱政施外兆萌牙蘖之时，智谋因此而起。盖由善抵巇之理，故能不失其机。"兆萌，征兆萌芽，也即微小的征兆。牙蘖(niè)，即小芽。这里喻新的小计谋、小对策。

⑤抵巇之隙，为道术用：此言施策于外，须据抵巇之原理，当事物处于萌芽状态时，及时发现其罅隙，并想出计谋来堵塞它。陶弘景注："然则巇隙既发，乃可行道术。故曰：巇隙为道术用也。"抵巇之隙，意谓运用抵巇之法来弥补缝隙。为道术用，为道术之用，意即圣人处理事情的根本方法。

【译文】

事情有危险的征兆出现，圣人就能察觉，并能采用措施进行自保。在自保基础上，圣人再根据客观情况的变化来筹划计谋和制定弥补的策略，并运用此来辨识细微缝隙产生的原因。事物常常由细小的状态引起的，如果任其发展下去由小到大就会撼动泰山的根基。所以如果要施策于外，必须根据抵巇的原理，在事物尚处在萌芽状态时，及时发现其罅隙，并想出新的计策来堵塞它。善于发现并运用抵巇之法来弥补缝隙，就是道术之用，就是圣人处理事情的根本方法。

天下纷错①，士无明主，公侯无道德，则小人谗贼，贤人不用。圣人窜匿②，贪利诈伪者作。君臣相惑，土崩瓦解而相伐射③。父子离散，乖乱反目④。是谓萌芽巇罅⑤。圣人见萌芽巇罅，则抵之以法。世可以治则抵而塞之⑥，不可治则抵而得之⑦。或抵如此，或抵如彼。或抵反之，或抵覆之⑧。五帝之政，抵而塞之。三王之事，抵而得之⑨。诸侯相抵，不可胜数。当此之时，能抵为右⑩。

【注释】

①纷错：错乱，杂乱。

②窜匿：逃离隐藏。

③相伐射：相互攻伐冲击。陶弘景注："伐射，谓相攻伐而激射也。"

④乖：背离，不一致。反目：指不和。

⑤是谓萌芽巇罅：以上所言四种罅隙，皆可称之为"萌芽巇罅"。陶弘景注："此谓乱政萌芽，为国之蠛罅。"

⑥抵而塞之：运用"抵巇"之法来堵塞它。

⑦抵而得之：运用"抵巇"之法来取代它。

⑧"或抵如此"四句：陶弘景注："如此谓抵而塞之，如彼谓抵而得之。反之谓助之为理，覆之谓自取其国。"

⑨"五帝之政"四句：按，此处列举"抵而塞之"与"抵而得之"两种情形。五帝时期，也出现过君主

不明，世道混乱的情形，而贤人出现帮助君主治理天下，此即"抵而塞之"之例。三王时期，因前世君主昏庸，天下大乱，三王奋起而取代之，此"抵而得之"例。陶弘景注："五帝之政，世犹可理，故曰抵而塞之，是以有禅让之事。三王之事，世不可理，故曰抵而得之，是以有征伐之事。"五帝，先秦时期五帝有东、西两说，"东方五帝说"为黄帝、颛顼（zhuānxū）、帝喾（kù）、尧、舜。"西方五帝说"为少皞、太皞、黄帝、炎帝、舜。三王，夏禹、商汤、周文王。

⑩当此之时，能抵为右：意谓在鬼谷子生活时代要崇尚"抵巇"之术。当此之时，当时的时代。这里指春秋战国之时。右，上。陶弘景注："谓五伯时。右，犹上也。"

【译文】

天下混乱，士没有遇到明主，公侯道德沦丧，小人谗害贤臣贼害忠良，贤臣得不到重用。圣人逃离乱世隐居起来，贪婪奸诈之徒兴起作乱朝政。君臣之间互相猜疑，各种势力之间互相攻伐，国家的形势面临着土崩瓦解的局面。而普通民众中也是父子离散，彼此反目为仇。这些都叫社会有裂缝的状态。圣人见到这种状态，就会用抵巇之法来处理。世道如果还能治，就运用"抵巇"之法采取措施来弥补，使之走上正轨。如果不可治，就运用"抵巇"之法，循其缝隙毁掉它，然后重新建立一个新的秩序。或者用抵巇之法达到弥补缝隙的目的，或者用抵巇之法达到取而代之的目的。或者用抵的手法反过来，或者用抵的手法倒过去。五帝时期，政治清明，偶有缝隙，用抵巇之法来弥缝漏洞。三王之时，天下大乱，缝隙已不能弥补，因此禹用疏导办法取代堵塞办法来治洪水，而商汤和文王就起来反叛，取代夏桀和商纣，重新建立新的秩序。现在各诸侯国之间，都是利用对方的缝隙，或抵而塞，或抵而得，数也数不尽。在当今的这个时代，善于运用抵巇之法的便是处理国家关系的上上之策。

　　自天地之合离、终始，必有巇隙，不可不察也①。察之以捭阖，能用此道，圣人也②。圣人者，天地之使也③。世无可抵，则深隐而待时；时有可抵，则为之谋。此道可以上合，可以检下④。能因能循，为天地守神⑤。

【注释】

①"自天地之合离、终始"三句：按，此处交代了巇隙产生的原因。陶弘景注："合离谓否泰，言天地之道正观，尚有否泰为之巇隙，而况于人乎！故曰不可不察也。"尹桐阳曰："合离谓闭开，终始谓阴阳。"

②"察之以捭阖"三句：圣人善用"捭阖"之术去发现缝隙，然后以"抵巇"之术去驾驭。陶弘景注："捭阖亦否泰也。体大道以经人事者，圣人也。"此道，指抵巇之道。

③圣人者，天地之使也：圣人能明审天地自然之道，

洞察社会人事，故称之为天地之使。陶弘景注："后天而奉天时，故曰天地之使也。"

④ "世无可抵"六句：按，此言运用抵巇术须等待时机。清平盛世，可隐而待时，不可盲动；若有时机，即社会中出现罅隙，即运用抵巇之术，或上合而弥缝之，或检下取而代之。陶弘景注："上合谓抵而塞之，助时为治；检下谓抵而得之，使来归己也。"检，约束。

⑤ 能因能循，为天地守神：陶弘景注："言能因循此道，则大宝之位可居，故能为天地守其神化也。"能因能循，意为遵循顺从自然之理。因，循。为天地守神，意谓能掌握天地间万事万物变化的规律。神，事理玄妙。

【译文】

天地万物之间有合有离，有开始有终结，必然会产生缝隙。这是不可不详察的。觉察到这一点，能够用抵巇之术加以掌控的，就是圣人。圣人是天地的使者。时世没有缝隙可利用的，就深深地隐居起来等待时机；如果有缝隙可利用的话，就为之策谋。用这个方法，上可暗合君王，助其治国；下可以约束民众，收拾局面。如果能够顺应自然规律来运用，那么就能掌握天地间一切变化的规律。

飞箝第五

"飞"，即飞语，假装赞扬对方，抬高他的声誉，以获得对方的好感。"箝（qián）"，即钳制。飞箝，即故意高扬对方，待对方戒心消除，内情必露，进而钳制对方的制人之术。陶弘景题注："飞，谓作声誉以飞扬之；箝，谓牵持缄束令不得脱也。言取人之道，先作声誉以飞扬之，彼必露情竭志而无隐，然后因其所好，牵持缄束，令不得转移也。"俞樾注说："飞箝者，飞言以箝取之，使同于我也。"

在《鬼谷子》看来，策士在政治斗争中与他人打交道，讲究的就是控制与反控制。《谋篇》说："事贵制人，而不贵见制于人。"控制对方，让对方供己方任意驱遣，乃策士纵横捭阖的目的。飞箝术就是利用人心理上的弱点进行控制。

本篇是《鬼谷子》中的制人术专论。所论飞箝术主要涉及目的、方法、对象等内容。首先探讨飞箝术之目的。为什么要用飞箝之术呢？主要是因为与人处事必先获取对方信息实情，然后才好控制他。所以本篇一开始就说"知有无之数，决安危之计，定亲疏之事"等都是"飞箝"术之前提。飞箝术的内涵是"钩箝之辞"，在赞扬对方的话中，要暗中下钩，以言辞钩引出对方实情而加以钳制。赞扬他是为了己方控制他，或者说为了控制他才去赞扬他，此乃飞箝术实质。其次论述使用飞箝的方法。主要有：根据情况或者先不断地积累赞扬，为彻底毁他做准备，即所谓"或先征之而后重累，或先重以累而后毁之"；也可以使用对方喜欢的物质来引诱刺激以达到目的，即"或称财货、琦玮、珠玉、璧帛、采色以事之"；或者根据实际形势来说飞箝之语，即"或量能立势以钩之"；也可以根据对方的缝隙漏洞，结合"抵巇"之法来实施，即"或伺候见涧而箝之"等。最后言在具体实施过程中，须针对不同对象而行飞箝之术。文中列举了"用之于天下"、"用之于人"两种对象。

所谓"用之于天下"，就是针对诸侯国君主的飞箝术。将飞箝术用之于国君，必先了解该国综合情况：包括该国的经济、政治、军事、外交等，还须知悉天时、地理与人口情况，了解他的好恶、品行、性格、智力、才能、气度等，特别是要知悉他最关心最想解决的问题。如此才能确定使用何种"飞语"，然后针对其弱点，用飞箝之术去控制他。

所谓"用之于人"，就是针对普通人使用的"飞箝"术。用飞箝术控制常人，其权术分为两个步骤。第一步，知悉对方才能。想要控制对方，使其为我所用，必须先了解对方，知悉其意向主张与我相同与否，对方的智慧所在、才能所长，以便抓住控制他的关键。第二步，飞扬钩情。先用"飞语"的手段赞誉他，顺着对方的意愿说出对方喜欢听的话，抓住把柄之后，就去控制他，或用把柄胁迫他，或造舆论压抑他，使之屈从于己，而被我控制，然后任意驱遣对方。

本篇在《鬼谷子》中占有重要地位，其所言制人之术与法家所言制人之术不同。法家所言制人之术旨在言君主如何控制臣属，纵横家所言制人之术则是作为臣属的策士如何控制国君。同样为制人之术，纵横家给出了别样的智慧。飞箝术侧重利用对方的心理弱点来控制人的行为，在我国古代心理学史的研究上也值得关注。这一点也使得《鬼谷子》受到后世儒家广泛的批评，被认为是其不讲道德的典范之一。

凡度权量能，所以征远来近①。立势而制事，必先察同异，别是非之语②，见内外之辞，知有无之数③，决安危之计，定亲疏之事④。然后乃权量之，其有隐括，乃可征，乃可求，乃可用⑤。

【注释】

①凡度权量能，所以征远来近：按，此言人们欲"立势而制事"，必先以度权量能、征远来近为基础。揣情得实，乃《鬼谷子》立论基础，"飞箝"术是揣情得实之一种。正如桑重第评点所说："此篇开篇凡制事必先度量之，亦是探取钩索之法。"陶弘景注："凡度其权略，量其材能，为作声誉者，所以征远而来近也。谓贤者所在，或远或近，以此征来，若燕昭尊郭隗，即其事也。"陶注认为"征远来近"是征贤人，于义未尽合。

②"立势而制事"三句：意谓制定确立威势的措施或具体办事的做法，必须在得情之后，还需对所得之情作详细辨析，辨察其中信息与我有相同或不同，分析其中的真假信息，哪些于我有用，哪些于我无用等，然后再做出决定。陶弘景注："言远近既至，乃立赏罚之势，制能否之事。事、势既立，必先察党与之同异，别言语之是非。"陶注针对君驾驭贤臣，非是。势，权势，态势。制事，行事。

③见内外之辞，知有无之数：意谓与人言说要善于辨析对方言辞是否与其心意一致，辨别其为真话或是

假话，知对方实情多少。陶弘景注："外谓虚无，内谓情实，有无谓道术能否。又必见其情伪之辞，知其能否之数也。"内，指内心真实想法。外，口之言说于外之言辞。

④决安危之计，定亲疏之事：陶弘景注："既察同异、别是非、见内外、知有无，然后与之决安危之计，定亲疏之事，则贤不肖可知也。"陶注是说与贤人决定国家大事，从中知悉贤人是否名副其实。定亲疏之事，确定与对方是亲近还是疏远。

⑤"然后乃权量之"五句：陶弘景注："权之所以知其轻重，量之所以知其长短。轻重既分，长短又形，乃施隐括以辅其曲直。如此，则征之又可，求之亦可，用之亦可。"隐括，原指矫正竹木弯曲的工具。这里借指对同异、是非、内外、有无加以剪裁和修改。

【译文】

凡考虑问题衡量情势，必须广泛地从或远或近的各方面来吸取信息。确立做事获得成功的态势而能有效地去行事，其前提必须先看到对方与己方是同还是异，能分别出对方语言中的是与非，分辨出对方言辞表面和背后的含义，知道对方和己方所拥有的或者没有的，在此基础上才能决断事关安危的大计，确定己方与对方或是亲近或是疏远之事。然后再在实践中加以检验衡量，对上述同或异、是或非、内或外、有或无等的做法加以调整和修改，最后才决定如何去取，如何使用。

引钩箝之辞，飞而箝之①。钩箝之语，其说辞也，乍同乍异②。其不可善者，或先征之而后重累③，或先重以累而后毁之④。或以重累为毁，或以毁为重累⑤。其用或称财货、琦玮、珠玉、璧帛、采色以事之⑥，或量能立势以钩之⑦，或伺候见涧而箝之⑧，其事用抵巇⑨。

【注释】

①引钩箝之辞，飞而箝之：按，这就是"飞箝"之术。钩箝之辞，意谓以言辞钩引出对方实情而加以钳制。钩，诱致。箝，钳制。飞而箝，假装宣扬对方，提高他的声誉，获得对方的好感后，对方内情必露，己方因而可以钳制他。陶弘景注："钩谓诱致其情，言人之材性，各有差品，故钩箝之辞，亦有等级。故内感而得其情曰钩，外誉而得其情曰飞。得情则箝持之，令不得脱移，故曰钩箝。故曰飞箝。"

②"钩箝之语"三句：意谓飞箝之辞作为说辞，要根据情势随机应变。陶弘景注："谓说钩箝之辞，或捭而同之，或阖而异之。故曰：乍同乍异也。"乍，忽然，变化非常快。

③其不可善者，或先征之而后重累：意谓对以飞箝之语难以相诱的，可以先行采取不断抬高他的名誉地位的方式，使其名不副实，为以后誉毁他做准备。不可善，不可善待的人，意即用飞箝之法不能轻易对待的人。征，远去。这里指言辞远离某一个话

题。重累，累之重，反复迭加。与"毁"相对。此指不断抬高。《吕氏春秋·行论》："《诗》曰：将欲毁之，必重累之；将欲踣之，必高举之。其此之谓乎？"高诱注曰："累之重，乃易毁也。踣，破也；举之高乃易破也。以喻湣王骄乱甚，乃易破也。"陶弘景注："不可善，谓钩箝之辞所不能动。如此者，必先命征召之；重累者，谓其人既至，然后状其材术所有，知其所能，人或因此从化也。"

④或先重以累而后毁之：意谓一次飞扬不成，则多次重复，直至达到毁掉对方的目的。按，此补上句先"重累"之目的，乃为毁掉对方。陶弘景注："或有虽都状其所有，犹未从化，然后就其材术短者訾毁之。人知过而从之，无不知化也。"毁，诋毁。

⑤或以重累为毁，或以毁为重累：陶弘景注："或有状其所有，其短自形，此以重累为毁也；或有历说其短，材术便著，此以毁为重累也。为其人难动，故或重累之，或訾毁之，所以驱诱之，令从化也。"重累为毁，反复高扬其优点之后实际等于暴露其缺点，从这个角度上说，反复高扬其实是一种诋毁。

⑥其用或称财货、琦玮（qíwěi）、珠玉、璧帛、采色以事之：意谓"飞"之手段达成后，对方实情必露，己方下一步要以财货、琦玮、珠玉、璧帛、采色等作诱饵来箝持住对方。陶弘景注："其用谓人能从化，将欲用之，必先知其性行好恶，动以财货采色者，欲知其人贪廉也。"琦玮，宝石美玉。称，举。

⑦或量能立势以钩之：意谓以正确衡量其才能，酌情任用以立其势来箝持对方。陶弘景注："量其能之优劣，然后立去就之势，以钩其情，以知其智谋也。"立势，确立控制对方之形势。

⑧或伺候见㵎而箝之：意谓见对方缝隙漏洞捕捉时机来箝持之。陶弘景注："谓伺彼行事，见其㵎隙而箝持之，以知其勇怯也。"伺候，等待时机。

⑨其事用抵巇：意谓抵巇之术与飞箝之术混合并用。陶弘景注："谓此上事用抵巇之术而为之。"

【译文】

一般的人，都是喜欢听奉承话的，对这些人要用奉承的话，故意赞扬对方，为对方制造声誉，使对方高兴而泄露实情然后钳制他。作为说辞的"钩箝之语"要根据情势而善于变化，一会儿表示赞同对方，一会儿又表示与对方相异。对那些不喜欢虚名，不喜欢听人吹捧，用飞箝之语难以相诱的人，可以先行离开奉承的话题，不断抬高他的名誉地位，使其名不副实，为以后訾毁他做准备。一次飞扬不成，就反复使用，直到达到毁掉对方的目的。有时高扬对方优点使其缺点暴露是诋毁，有时历数其缺点使他的优点显露出来，这也是一种重累飞扬的方法，其目的还是要最终诋毁他。在迎合时具体使用对方可能喜欢的财货、美玉、珍珠、玉璧、丝帛、美女等，也可以以正确衡其才能，酌情任用以立其势来箝持对方。或者见对方有缝隙可钻，那么就利用对方的缝隙来箝持他。在这种情况下，就要结合"抵巇之法"来使用了。

将欲用之于天下，必度权量能，见天时之盛衰，制地形之广狭^①，岨崄之难易^②，人民货财之多少^③，诸侯之交孰亲孰疏、孰爱孰憎，心意之虑怀^④。审其意^⑤，知其所好恶，乃就说其所重^⑥，以飞箝之辞，钩其所好，以箝求之^⑦。

【注释】

①制：裁断。这里指判断。

②岨（zǔ）：同"阻"，险要。崄（xiǎn）：高险。

③人民：人口。

④心意之虑怀：按，以上谓将飞箝之术用于游说，则必以知对方国情为基础。对方国情包括天时、地形、人口、诸侯亲疏等综合国力。陶弘景注："'将用之于天下'，谓用飞箝之术，辅于帝王；'度权量能'，欲知帝王材能可辅成否，天时盛衰，地形广狭，人民多少，又欲知天时、地利、人和合其泰否，诸侯之交，亲疏爱憎，又欲知从否之众寡。"

⑤审：仔细观察。

⑥其所重：国君最关心、最急于解决的问题。

⑦以箝求之：按，此言游说人主，行飞箝之术的原则：就其最重者说之。就对方眼前最关心的事情说起，才能钩住对方，然后才能箝持之。陶弘景注："既审其虑怀，又知其好恶，然后就其所最重者而说之；又以飞箝之辞，钩其所好，既知其所好，乃箝而求之，所好不逮，则何说而不行哉！"

【译文】

将飞箝之术推广应用到诸侯国之间的斗争中去，在游说君主时，必须审时度势，能够看到天时是否助其盛或者使其衰，准确判断该国的地理形势，疆域是广大或狭小，地势险要是否易于攻战或据守，知悉其国人口多少、经济实力如何，了解这个国家与各诸侯国之间的关系是亲近或是疏远，国君比较亲近哪个国家，比较憎恨哪个国家，国君个人耿耿于怀的心意是什么。仔细观察国君的意图，知道他的喜好和憎恶，然后去游说国君最关心的事情，并用"飞箝"的言辞，钩住他的喜好，然后再来控制他，使他能够随着己方的意愿而行事。

用之于人^①，则量智能、权材力、料气势^②，为之枢机^③。以迎之随之，以箝和之，以意宣之^④，此飞箝之缀也^⑤。用之于人，则空往而实来^⑥，缀而不失，以究其辞。可箝而从，可箝而横；可引而东，可引而西；可引而南，可引而北；可引而反，可引而覆^⑦。虽覆能复，不失其度^⑧。

【注释】

① 用之于人：将飞箝之术用于常人。陶弘景注："用之于人，谓用飞箝之术于诸侯之国也。"陶说与文意未洽。

② 量智能、权材力、料气势：陶弘景注："量智能、料气势者，亦欲知其智谋能否也。"料，估量。气势，

气概与声势。

③枢（shū）机：这里指关键。枢，门上的转轴。机，弩机，指安装在弩弓上控制发箭的装置。陶弘景注："枢，所以主门之动静；机，所以主弩之放发。"

④以意宣之：意谓用对方之意达到宣扬己方之目的。宣，宣扬，显示。

⑤飞箝之缀：意谓用飞箝之术控制人。陶弘景注："言既知其诸侯智谋能否，然后立法镇其动静，制其放发，犹枢之于门，机之于弩，或先而迎之，或后而随之，皆箝其情以和之，用其意以宣之，如此则诸侯之权可得而执，己之恩信可得而固，故曰飞箝之缀也，谓用飞箝之术连于人也。"缀，连结。高金体注："缀，连而相从也。"

⑥空往而实来：意谓己方往往没有付出却能够得到丰厚的回报。

⑦可引而覆：按，以上总结飞箝术之功用。即能使己方"空往而实来"，获得利益；能驾驭对方，或纵或横，或东或西。陶弘景注："'用之于人'，谓以飞箝之术任使人也。但以声誉飞扬之，故曰'空往'。彼则开心露情，归附于己，故曰'实来'。既得其情，必缀而勿失，又令敷奏以言，以究其辞。如此则从横、东西、南北、反覆，惟在己之箝引，无思不服也。"

⑧虽覆能复，不失其度：按，此言使用飞箝之术后，

对方可让我们任意驱遣。陶弘景注："虽有覆，败必能复振；不失其节度，此箝之终也。"

【译文】

将飞箝之术推广应用到与人打交道，则必须先考量对方的智慧、衡量对方的才干，估量他的气势。把对对方的充分了解作为与之相处的关键。先迎合他、附和他，然后再用飞箝之术控制他，使对方与己方相合，这些用对方之意以达到显示己方目的的手法，都是飞箝的方法。飞箝之术用在与人打交道上，己方往往没有付出却能够得到丰厚的回报，使对方与自己紧密连结而不会失去控制，然后再在其言辞上探究实情。做到这些，就能钳制对方，或者使他向纵的方向，或者使他向横的方向；或者使他向东，或者使他向西；或者使他向南，或者使他向北；或者使他从起点返回，或者使他返回后再翻过来。反反复复，都始终在自己的掌控之中。

忤合第六

　　《太平御览》卷四百六十二引用本篇称作《午合》篇。相背为"忤"，相向为"合"。忤合即趋向与背反之术。陶弘景题注："大道既隐，正道不得，坦然而行。故将合于此，必忤于彼。令其不疑，然后可行其意，若伊吕之去就是也。"陶注是说，策士所生存的大环境发生变化，正道不行，就可根据形势的发展另谋出路。尹桐阳说"忤合"与云"遇合"同，"意如篇中所谓伊尹合汤，吕尚合文王是也"。尹说符合本意。

　　本篇旨在说明策士与君主的遇合问题。内容上主要包括忤合之原理、方法与对象。

　　关于忤合之原理。因为任何事物都存在"趋向"与"背反"的客观规律，"凡趋合倍反，计有适合。化转环属，各有形势。反复相求，因事为制"，且"趋向"与"背反"之间相互转化，像圆环一样首尾连接在一起，所以可以利用这种规律来处理立身御世之事。使用忤合之方法主要即不两忠。因为"趋向"与"背反"势不两立，"合于彼而离于此"，在一个相对的时空环境中，两者只能择其一而行，"计谋不两忠"。施行忤合之术，选择与其合之对象，标准为"成于事而合于计谋"之君主。反之，对那些不能"成于事而合于计谋"之君主，则"因事物之会，观天时之宜"而"与之转化"，"忤"于他而另择良主。如此一"合"一"忤"，则可以进退自如，纵横天下。不过，在运用忤合之术过程中，还一定要做到自知。要对自己的才智、权术、能力与手段有正确的估量，只有这样，才能用忤合术成功地驾驭对方。

俗话说"良禽择木而栖，良臣择主而事"，这句话很好地说明本篇的意旨。与人主之合，实际上是很少的，大多是不合。不合即意味着背弃原来的君主，而非愚忠某一个君主。所以本篇实际上也是讨论"忠"的问题。

何谓"忠"？《说文解字》的解释是："忠，敬也，尽心曰忠。""忠"的本意是指尽心竭力、全身心地投入到某项事情之中。在先秦时期，"忠"一般包括三种含义：

第一，忠是作为一般社会性道德观念而出现的，往往具有真诚、恭敬等含义，尤其强调要尽心竭力。在春秋时期，忠是对待一切人的，其中并不局限于"忠君"的意思。《左传·襄公二十二年》有"忠、信、笃、敬，上下同之，天之道也"的话，《国语·楚语下》亦说："天事武，地事文，民事忠信。""忠"是对于每个人都具有普遍意义的道德要求。

第二，忠的含义趋向于忠君。"忠于君主"是臣的重要品德。"忠君"的观念作为臣德，其内容也是多方面的。首先，"忠君"观念强调臣下对君主的忠诚无欺，臣下对君主必须忠贞不贰。其次，要求臣下能够竭力地效忠于君主，甚至不惜牺牲自己的生命。"忠君"即强调"尽忠以死君命"（《左传·宣公十二年》），"尽忠极劳以致死"（《国语·晋语一》）。《韩非子·有度》说："贤者之为人臣，北面委质，无有二心；朝廷不敢辞贱，军旅不敢辞难；顺上之为，从主之法，虚心以待令，而无是非也。"贤能的人做臣子，向北面朝见君主行礼，忠心不二。在朝廷任职不敢推辞卑贱的任务，在军队任职不敢拒绝危难的战事；顺从君主的指使，遵守君主的法令，一心一意等待君主的命令，而无个人的是非之见。总之，所有的行为，"上尽制之"，皆由在上位的君主来控制。而"人主虽不肖，臣不敢侵也"。

第三，忠指忠于国家。"忠"还往往体现为为了国家的整体利益而竭尽生死的道德品质，"临患不忘国，忠也"（《左传·昭公元年》）。在这个意义上，忠的含义还包括为"公"的思想。

为"公"的人才能配得上称"忠"。"公"的观念一直是我国传统社会中居于主导地位的价值取向，体现了中国古人在政治领域和社会领域中朴素的公共理性。因此一个"忠"的人，或者有"忠"的品格的人，一定是一心为"公"的。《左传·桓公二年》强调："上思利民，忠也。"作为君主，心中思虑的是怎样让民众得到利益，这就是忠。《国语·齐语》亦说"忠信可结于百姓"。"公"体现了"忠"的内在价值，而一个人如果为了一己之私利，无论如何也是不能说成是"忠"。一心为公，就把君主和国家做了区分。忠于君主，无论如何也不能说是"一心为公"，只有忠于国家的人，才是一心为公。孟子说："君之视臣如手足，则臣之事君如腹心；君之视臣如犬马，则臣之视君如国人；君之视臣如土芥，则臣之视君如寇仇。"（《孟子·离娄下》）臣是否忠于君，关键在于君的表现。因此，臣之"忠"或"不忠"都取决于君是否代表广大人民的利益，是否"一心为公"。君主要是能代表社稷的利益，代表国家集体利益，臣是可以死忠的；如果国君不能代表国家的利益，臣不仅不必去死忠，反而可以规谏君主的言行、匡正君主的缺失，并以此作为臣下的重要职责。如果君主不听规谏，臣甚至可以将他赶下台，《晏子春秋·问上》说："君者择臣而使之，臣虽贱亦得择君而事之。"提出了择君而事的主张。

与上述三种含义相比，《鬼谷子》更接近于第三种，臣忠于君，不是愚忠，而是理性的、有条件的。早期的儒墨两家也认为臣忠君是有条件的。比如孔子就反对愚忠。《论语·八佾》载："定公问：君使臣，臣事君，如之何？孔子对曰：君使臣以礼，臣事君以忠。"臣事君以忠，其前提是君使臣以"礼"。如果不是这样，臣也不必忠。《墨子·兼爱下》主张"为人君必惠，为人臣必忠"，说明墨子也是这个意思。纵横家较之儒墨两家更为激进。本篇所说的"反于此，忤于彼；忤于此，反于彼"，"计谋不两忠"，都是基于个人"私心"的选择，而不是像儒墨两家那样是基于"公心"。本篇所说的"世无常贵，事无常师"，又说"成于事而合于计谋，与之为主"，都是以是否能实现自我的目的为中心。纵横家反对愚忠是建立在实现自我利益的基础之上的，这是纵横家区别于儒墨的本质所在。

忤合术是在战国纷争的特殊背景下产生的。当时各诸侯国之间，为了各自的利益时而联合，时而又相互攻伐。在这种情况下，各诸侯国往往都是和战不定，时而为了解眼前之围与此联合，时而为了长远利益与彼联合，错综纷乱，给纵横策士实施忤合之术提供了客观环境。

《忤合》篇中所说的"世无常贵，事无常师"，为纵横策士朝秦暮楚的行为提供了理论依据。而"成于事而合于计谋，与之为主"，即以能否实现自我的目的为中心，则高扬了个性价值，体现了时代精神。

凡趋合倍反，计有适合①。化转环属，各有形势。反覆相求，因事为制②。是以圣人居天地之间，立身、御世、施教、扬声、明名也③，必因事物之会④，观天时之宜⑤，因知所多所少，以此先知之，与之转化⑥。

【注释】

①凡趋合倍反，计有适合：趋合即"合"，倍反即"忤"。尊重"趋向"与"倍反"之客观规律，乃是计谋适合与否之关键。陶弘景注："言趣合倍反，虽参差不齐，然施之计谋，理乃适合也。"趋合，趋向于融合统一。倍反，朝背逆相反的方向发展。倍，通"背"。

②"化转环属"四句：陶弘景注："言倍反之理，随化而转，如连环之属。然其去就，各有形势。或反或覆，理自相求，莫不因彼事情为之立制也。"化转，变化转换。环属，意即像圆环一样首尾相互连接。环，本义为圆环，此处喻"忤"与"合"乃"环"之两端，从"忤"至"合"，或由"合"至"忤"，如同圆环一样，可随时而变化。属，连接。

③立身：养成处世的道德本领，自立于社会。御世：处理世事。施教：实施教化。扬声：振起声名。明名：显示名誉。

④因：顺着。会：指时机，关键。

⑤天时：自然运行的时序。这里指社会发展的状况与

趋势。

⑥"因知所多所少"三句：陶弘景注："所多所少，谓政教所宜多所宜少也。既知多少所宜，然后为之增减。故曰：以此先知，谓用倍反之理，知之也。转化，谓转变以从化也。"以此，根据忤合的原理。

【译文】

凡事都有趋向于融合统一或者朝背逆相反方向发展的两种趋势，尊重"趋向"与"背反"之客观规律，乃是计谋适合与否之关键。且两者之间相互转化，首尾相互连接起来像圆环一样，用计施谋如果要恰当合适的话，就要能够像圆环一样随着形势的变化及时应对，或从趋合的方向或从背反的方向来采取相应的措施。因此圣人在天地之间，自立于社会，处理世事，实施教化，使自己的名声扬起，显示于外，必定顺着事物发展变化的关键，看准社会发展的状况与趋势的适当时机，据此知道并决定自己所做的是多还是少，根据忤合的原理能够事先知道事情的发展趋势，然后随着事物之形势转变而随时变化自己的决策。

世无常贵，事无常师①。圣人无常与，无不与；无所听，无不听②。成于事而合于计谋，与之为主③。合于彼而离于此，计谋不两忠，必有反忤④。反于此，忤于彼；忤于此，反于彼⑤。其术也⑥。

【注释】

①世无常贵，事无常师：意谓任何事物都是处在不断

的发展变化之中，没有永久的地位尊贵，也没有恒
一不变的师法对象。陶弘景注："能仁为贵，故无常
贵；主善为师，故无常师。"贵，位尊。师，师法。

②"圣人无常与"四句：意谓圣人没有恒久不变的赞
同，也没有恒久不变的听从。陶弘景注："善必与
之，故无不与。无稽之言勿听，故无所听。"与，
参与。这里指亲为。

③成于事而合于计谋，与之为主：意谓圣人欲成于事，
合于谋，必以忤合为主。陶弘景注："于事必成，于
谋必合。如此者，与众立之，推以为主也。"主，
根本。

④"合于彼而离于此"三句：意即与此合必与彼离，
欲择新君主则必弃旧君主。所以计谋不可能同时效
忠于对立之双方，必与其中一方相违背，此为处世
之真理。陶弘景注："合于彼必离于此，是其忠谋不
得两施也。"反忤，忤合。

⑤"反于此"四句：陶弘景注："既忠不两施，故宜行
反忤之术。反忤者，意欲反合于此，必行忤于彼；
忤者，设疑似之事，令昧者不知觉其事也。"

⑥术：反忤之术。

【译文】

世界上没有永久高贵的人，也没有恒一不变的师法对
象。圣人做事，没有恒久不变的赞同或不赞同，也没有恒
久不变的听从或不听从。圣人的行事都是以事情能否获得
成功，所出计谋是否切合实际为根本。计谋与一方相合就

一定与另一方相离，不能同时适用于相反的双方，一定会有相合、相逆的情况出现。所谓"忤合"之术，就是合于彼就一定会逆于此，合于此就一定会逆于彼。因而要根据实际情况灵活运用"忤合"之术。

用之于天下，必量天下而与之；用之于国，必量国而与之；用之于家，必量家而与之；用之于身，必量身材能气势而与之①。大小进退，其用一也②。必先谋虑计定，而后行之以飞箝之术③。

【注释】

①"用之于天下"八句：按，此言用忤合之术，必据对象而施之。陶弘景注："用之者，谓用反忤之术；量者，谓量其事业有无；与，谓与之亲。凡行忤者必称其事业所有而亲媚之，则暗主无从而觉，故得行其术也。"材能，才能，才干。气，指气质，品行。势，指权势，地位。与，结交。

②大小进退，其用一也：意谓无论对象是大或小，无论进或退，据不同对象而随机应变则是一致的。陶弘景注："所行之术，虽有大小进退之异，然而至于称事扬亲则一。故曰其用一也。"

③必先谋虑计定，而后行之以飞箝之术：意谓行忤合之术前，必先谋虑计定，然后可行。忤合亦可为飞箝之准备，二术各有侧重，彼此相依。陶弘景注："将行反忤之术，必须先定计谋，然后行之。又用

飞箝之术以弥缝之也。"行之以飞箝之术，以飞箝
之术达到忤合的目的。

【译文】

　　把"忤合"之术运用于管理天下，必定根据天下的实
际情况而实施；运用于治理国家，必定根据诸侯国的实际
情况而实施；运用于治理卿大夫之家，必定根据其家的实
际情况而实施；运用于处理人与人之间的关系，必定看对
方才能、品行气质、地位等而实施。无论对象的大小或策
略的进退，运用的原则都是一致的。即必定先用忤合之术
做好周密的计谋，然后用"飞箝"之术来实现它。

　　古之善背向者，乃协四海，包诸侯，忤合之地
而化转之，然后求合①。故伊尹五就汤②，五就桀③，
而不能有所明，然后合于汤；吕尚三就文王④，三
入殷，而不能有所明，然后合于文王⑤。此知天命
之箝⑥，故归之不疑也。

【注释】

①"古之善背向者"五句：意谓古代善于运用忤合之
　术的人，皆深谙背向之理，如此才能在诸侯中、四
　海内纵横天下，最后达到自己的目的。陶弘景注：
　"言古之深识背向之理者，乃合同四海，兼并诸侯，
　驱置忤合之地，然后设法变化而转移之。众心既
　从，乃求其真王而与之合也。"协，服从。这里指
　对对象的掌控。

②伊尹：商汤时的大臣，名伊，一说名挚。尹是官名。汤妻陪嫁之奴隶，后佐汤伐灭夏桀。汤：商朝的建立者，又称天乙、成汤。

③桀：夏代的最后一位君主。古时暴君典型，与商纣王并称。

④吕尚：周初人，姜姓，吕氏，名尚，号为太公望，民间称为姜太公、姜子牙。相传钓于渭滨，周文王出猎相遇，与语大悦，同载而归，立为师。武王即位，尊为师尚父。辅佐武王灭殷。文王：姬姓，名昌。殷商时诸侯，居于岐山之下。曾被纣囚于羑里。后获释，为西方诸侯之长，称西伯。为武王灭商奠定基业。

⑤然后合于文王：按，以上以伊尹、吕尚经历为例，说明忤合之术可以有多次反复，经过多次磨合定能成功。陶弘景注："伊尹、吕尚所以就桀、纣者，所以忤之令不疑。彼既不疑，然后得合于真主矣。"

⑥天命之箝：天命所定。箝，夹住，制约。

【译文】

古代那些善于运用忤合之术的人，能够把天子和诸侯都掌控在自己手中，运用"忤合"之术去驾驭他们，使对方根据己方的实际需要而改变，然后与他们相合。所以，伊尹五次投奔汤，然后又五次离开汤投奔夏桀，但心里还是不明白投奔谁，最终还是投奔了汤；姜尚三次投奔文王，又三次离开文王投奔商纣王，但心里还是不明白到底投奔谁，最终还是离开纣王投奔了周文王。经过多次的忤合之后，明白了天命的所定，所以最后一次归附之后就再也没有怀疑过了。

　　非至圣达奥①，不能御世；非劳心苦思②，不能原事③；不悉心见情④，不能成名⑤；材质不惠⑥，不能用兵；忠实无真，不能知人⑦。故忤合之道，己必自度材能知睿，量长短远近孰不如⑧。乃可以进，乃可以退，乃可以纵，乃可以横⑨。

【注释】

①至圣：道德最高尚的人。达奥：通达高深的道理。

②劳心苦思：费尽心力苦苦思索。

③原事：穷尽事物的原理。原，推原，推究。

④悉心见情：精心地去发现实情、本质。

⑤名：事物的名称。这里作动词，命名。

⑥惠：通"慧"，聪慧，聪明。俞樾曰："惠，读为慧，古字通。"

⑦忠实无真，不能知人：意谓即使人忠于实情，但如果没有真诚的态度来对待人，就不能得到实情。忠实，忠于实际。真，真诚。

⑧己必自度材能知睿，量长短远近孰不如：按，此是对运用忤合之术的人自身素质的要求。如能成功地运用忤合之术，必须要对自身有正确的认识，同时要求具有高人一筹之智慧，能劳心苦思，并在完全知悉对方实情的基础之上运用忤合之术，才有可能

成功。陶弘景注："夫忤合之道，不能行于胜己而必用之于不我若，故知谁不如，然后行之也。"

⑨"乃可以进"四句：意谓在对自身有充分了解基础上去行忤合之术，则可纵横天下，为所欲为。陶弘景注："既行忤合之道于不如己者，则进退纵横，唯吾所欲耳。"

【译文】

不是道德最高尚能够通达高深道理的人，不能治理天下；不是费尽心力苦苦思索的，不能穷尽事物的原理；不是精心地去发现事物的本质，就不能给事物以成功的命名，以达到名实相副；天赋的才干不够聪明，就不能用兵打仗；为人处世虽然忠于实际但没有真诚的态度，也是不能了解别人的。所以运用忤合的原则，一定先要衡量自己的才能和智慧，估量己方与对方之间的长短远近，优势或劣势，确定对方不如己方之后再实施。做到这样，就可退可进，纵横天下了。

揣篇第七

《太平御览》卷四百六十二引用本篇称作《揣情》篇。揣，即揣度，衡量。陶弘景题注曰："揣者，测而探之也。"本题注原脱，今据横秋阁本、高氏本、《四库全书》本增。尹桐阳注曰："《史记索隐》引高诱曰：'揣，定也；摩，合也。定诸侯使雠其术以成六国之从也。'江邃曰：'揣人主之情，摩而近之。'"

纵横策士要游说君主助其决策计谋，必须要对一个国家的国情与君主个人内心的真实想法有全面准确的认识和了解。国情属于客观外在的信息，而君主个人的真实心理属于主观内在的信息。本篇把对客观外在信息的了解称为"量权"，把对君主个人主观内在信息的了解称为"揣情"，旨在说明量权和揣情及其方法。

量权所要详细了解的情况包括：各诸侯国的经济实力、军事实力的强弱，各诸侯国所参加的国际联盟及其在联盟中的地位，各诸侯之间的亲密关系或者利害冲突等。国君所在诸侯国的信息包括：国土大小，人口多少，国库是否充实，君主是否贤明，地形是有利进攻还是固守，君臣关系是否正常，国家的决策机构是否起作用，士卒门客是否忠心，民心向背等。只有掌握了这些情况，才能判定国君面临的难题，国家需要什么样的决策计谋，才能确定好游说目标和方向，选择前去依附的君主。

量权之后，就要揣测君主的内心世界，此即为揣情。本篇所论"揣情术"主要包括"以其现者而知其隐者"、"守司关键"、"掌几之势"三个方面。"以其现者而知其隐者"，即以揣

情对象的外在表现去揣度他的内心情怀，如此需要运用语言、表情和某些必要的动作去引诱对方，使他的内情表露出来。"守司关键"，即要在对方纷纭万端的言辞中把握其主导意向，在对方复杂多变的外在表情中把握其主要表情，从而判断出他的真实情怀。"掌几之势"，即把握那些细微隐晦的讯息，从中推测君主的意图。

而在具体运用过程中，揣情的技巧包括"感情剧变时揣情"、"迂回揣情"、"有事于人，人莫先知"诸方面。"感情剧变时揣情"，即要善于把握揣情的时机，要选择对象甚喜或甚惧之时去揣情，让对方在无暇掩饰真情时说出真心话。"迂回揣情"，即对付那些情感控制强，运用刺激感情法不为所动的人，此时要放开他，转而从他身边亲近之人身上打开缺口，套出其真情实意。"有事于人，人莫先知"，即对人揣情时要善于预先设置，做好准备，以便随机应变。

本篇所论主旨主要是"得情"，这与前文诸多篇目所论重复。《捭阖》也强调"捭之者，料其情也"，强调得情之重要。"捭"就是得情方法之原则。《反应》篇论"得情"，强调自知而后知人，以为"得情不明，不知隐匿变化之动静"，《反应》全篇所论就是得对方之情，"反应术"就是打探得到对方实情的方法，但提出的"得情"之法却与本篇不同。本篇所论"揣情"重点是打探君主内心的实情，这与《内揵》篇所论也大致相同。而下文《摩篇》则是《揣篇》的继续，也是侧重从内打开君主的内心。从内容上看，《揣篇》、《摩篇》与《反应》、《内揵》两篇所论主旨是大致相同的，但方法不同。

本篇强调游说能否成功，必须内外信息均需掌握。既要掌握所说之国的综合国情，又要对君主内心有真切准确的了解。《战国策》中载"苏秦始将连横"时，先到秦国游说秦惠王实行"连横"策略。他对秦国的国情很了解，却对秦惠王的内心不了解，结果"书十上而说不行"，以失败告终。而苏秦到燕以

"合纵"说燕文侯时，却大获成功。原因是苏秦既了解燕国的国情，也了解了燕文侯的真实内心。用本篇的理论解释就是：既做到了"量权"，又做到了"揣情"。本篇的理论在实践中经过检验，证明是正确的。

《揣篇》为《鬼谷子》中重要一篇，所论"揣情"为纵横家核心思想之一。从上下文结构上看，《揣篇》所论亦是下文《摩篇》、《权篇》、《谋篇》、《决篇》之前提与基础。

古之善用天下者，必量天下之权而揣诸侯之情^①。量权不审^②，不知强弱轻重之称；揣情不审，不知隐匿变化之动静。

【注释】

①揣：量度，揣测。主要指对内，即对人内心心理的探测。

②量权：衡量，比较。主要指对外，即对天下局势和各诸侯国综合实力的熟知和比较。审：熟知。

【译文】

古代善于把游说之术运用于天下的人，必定能洞察到天下政治形势的发展变化，揣度各诸侯国国君心理的真实详情。如果对天下局势和各诸侯国综合实力不能熟知，就不会知道诸侯国中谁强大，谁弱小，不会知道各诸侯国内部哪些地方强，哪些地方弱，不会知道各诸侯国在国际形势中的地位轻重；如果对诸侯国国君心理揣测不准，就不知道对方内心隐秘的真实想法，以及他对外界情况发生变化时的内心反应。

何谓量权，曰：度于大小^①，谋于众寡^②，称货财有无之数^③，料人民多少^④，饶乏有余不足几何；辨地形之险易，孰利孰害；谋虑孰长孰短；揆君臣之亲疏^⑤，孰贤孰不肖；与宾客之知慧^⑥，孰少孰多；观天时之祸福，孰吉孰凶；诸侯之交，孰用孰不用；百姓之心，去就变化，孰安孰危，孰好孰憎。反侧孰辩⑦，能知此者，是谓量权⑧。

【注释】

①度（duó）：计算。

②谋：考虑。众寡：指谋士的数量。

③称货财有无之数：按，自本篇开头至此，《道藏》本诒为陶注。

④料：估量。人民：人口。

⑤揆（kuí）：测度，度量。

⑥与：通"预"，预测，预料。知：同"智"。

⑦反侧：翻来覆去。这里指从正面和侧面等多个方面来对待。孰：同"熟"，熟练。辩：通"辨"，辨明，辨别。

⑧量权：即对一国综合国力的充分了解。善于量权，则一国之实情皆为我知。陶弘景注："天下之情，必见于权也，善于量权，其情可得而知之；知其情而用之者，何适而不可哉。"

【译文】

什么叫做量权？就是要考虑一个国家地域的大小，谋士的多少，估量一个国家的物产资源和国家财富的数量，人口的多少，物资丰富或者缺乏的有哪些；分辨清楚地形的险要之处与平易之处，哪里的地形有利，哪里的地形有害；对一国之谋士，要了解其中哪些谋士善于谋划长远，哪些谋士善于谋划眼前；揣测君臣之间的亲疏关系，发现大臣中谁贤谁不贤；预料到对方宾客的智慧是多还是少；

观察天象时序的变化，何时给人带来福祉，何时给人带来祸患，何时行事为吉，何时行事为凶；诸侯之间的交往，哪个可以利用，哪个不可以利用；老百姓的民心向着谁背弃谁，这种民心的变化，什么样是安全，什么样是危险，老百姓心里真正喜爱什么，憎恨什么。能够从多个方面熟练对以上情况进行辨别，并能够知道如何应对的，就叫做量权。

揣情者^①，必以其甚喜之时，往而极其欲也^②，其有欲也，不能隐其情；必以其甚惧之时，往而极其恶也^③，其有恶也，不能隐其情。情欲必出其变^④。感动而不知其变者^⑤，乃且错其人^⑥，勿与语而更问其所亲，知其所安^⑦。夫情变于内者，形见于外^⑧。故常必以其见者而知其隐者，此所以谓测深揣情^⑨。

【注释】

①揣情：即测探对方内心隐秘的实情。

②极：尽。

③恶：讨厌、害怕的事。

④情欲必出其变：按，此言"极其欲"，或"极其恶"，利用心理失控来探测对方的内心。陶弘景注："夫人之性，甚喜则所欲著；甚惧则所恶彰。故因其彰著而往极之，恶欲既极，则其情不隐；是以情欲因喜惧之变而生也。"

⑤感动：触动人的情感。

⑥错：通"措"，安置。

⑦勿与语而更问其所亲，知其所安：意谓用"极欲"
或"极恶"之法仍然不能揣到对方实情，那么就必
须更改方式，而改为问其亲近之人，如此对方的实
情也可揣知。陶弘景注："虽因喜惧之时以欲恶感动
而尚不知其变，如此者，乃且置其人，无与之语。
徐徐更问斯人之所亲，则其情欲所安可知也。"

⑧见：同"现"，显露。

⑨故常必以其见者而知其隐者，此所以谓测深揣情：
按，揣情之术是一种以外见内的方法。因为人之情
发于内，而表现于外，通过对对方外在情态的观
察，可以揣测出其内心世界。陶弘景注："夫情貌不
差，内变者必外见，故常以其外见而知其内隐；观
色而知情者，必用此道。此所谓测深揣情也。"

【译文】

测探对方内心隐秘的实情，必须在他最高兴的时候去
迎合他，尽力刺激并满足他的欲望，对方有欲望，内心的
真情是隐藏不住的；必须在他最恐惧的时候去见他，最大
限度地诱发他的恐惧憎恶，对方有恐惧憎恶的心理，内心
的真情也是隐藏不住的。人的内心真情和欲望必定在其情
绪极端变化时不自觉地显露出来。如果触动了对方情感但
仍然不知道他内心的变化，就暂且将他放在一边，不与他
进行语言交流而改为问其身边亲近之人，了解他的心意到
底落在什么地方。人的情感在内心发生变化的，在外表就

一定会表现出来。所以常常可以通过外在的表现来推测人的内心，这就叫"测深揣情"。

故计国事者，则当审权量；说人主，则当审揣情。谋虑情欲必出于此①。乃可贵，乃可贱；乃可重，乃可轻；乃可利，乃可害；乃可成，乃可败。其数一也②。故虽有先王之道、圣智之谋，非揣情，隐匿无可索之③。此谋之大本也，而说之法也④。

【注释】

①谋虑情欲必出于此：意谓要论国事，必须仔细权量，对一国之综合国力进行了解；游说人主，必须对其内心进行揣测，摸准其心思。策士一切游说计谋的出发点均在于此。陶弘景注："审权量则国事可计，审揣情则人主可说。至于谋虑情欲皆揣而后行。故曰谋虑情欲必出于此也。"

②其数一也：意谓策士善于揣情则贵贱、成败皆玩弄于股掌之间，无所不能。陶弘景注："言审于揣术，则贵贱成败，惟己所制，无非揣术所为。故曰其数一也。"数，道理。

③先王之道：古代先贤圣王留下的经验。

④此谋之大本也，而说之法也：意谓揣情乃纵横策士进行游说或计谋的根本法则。陶弘景注："先王之道，圣智之谋，虽宏旷元妙，若不兼揣情之术，则彼之隐匿从何而索之？然则揣情者，诚谋之大本而

说之法则也。"

所以谋划国家大事，就用"量权"之法，要对这个国家的综合国力仔细权量；游说国君，就用"揣情"之法，要打探游说的对象心里的真实想法。一切谋略和考虑的出发点都在于此。善于运用"量权"和"揣情"之术的人，就可使自己获得富贵，使别人落于贫贱；使自己得到重用，使别人被人轻视；使自己获得利益，使别人受到损害；使自己取得成功，使别人最终失败。它的道理是一致的。所以即使具有先贤圣王的经验、圣人智者的谋略，如果不用"揣情"和"量权"之术的话，也无法弄明白那些隐蔽的东西。"量权"和"揣情"是谋略的根本，游说的法则。

常有事于人，人莫能先，先事而生，此最难为①。故曰揣情最难守司，言必时有谋虑②。故观蜎飞蠕动③，无不有利害，可以生事。美生事者④，几之势也⑤。此揣情饰言成文章，而后论之也⑥。

【注释】

①"常有事于人"四句：意谓对他人行揣术，他人没有能够与己争先；而揣术在办事之前预先设计好，这是行揣术最难做到的。陶弘景注："挟揣情之术者，必包独见之明，故有事于人，人莫能先也。又能穷几应变，故先事而生，自非体元极妙，则莫能为此矣。故曰此最难为也。"有事于人，对他人实

施"揣情"和"量权"之术。事，做，从事于。

②故曰揣情最难守司，言必时有谋虑：意谓策士行揣术时，其一言一行须时时小心，在谋虑之后而动。陶弘景注："人情险于山川，难于知天。今欲揣度而守司之，不亦难乎！故曰揣情最难守司，谋虑出于人情，必当知其时节。此其所以为最难也。"守司，把握，掌控。

③蜎（yuān）飞蠕动：这里指小虫子的飞动或爬动。蜎，蚊子的幼虫。

④美生事：即大的事端生出来。美，大。

⑤几之势也：按，此言善于用利害之心去分析判断对方言行，善于从几无痕迹的言行中分析把握对方心意，揣得实情。陶弘景注："蜎飞蠕动，微虫耳，亦犹怀利害之心。故顺之则喜说，逆之则勃怒，况于人乎？况于鬼神乎？是以利害者，理所不能无顺逆者，事之所必行，然则顺之招利，逆之致害，理之常也。故观此可以成生事之美，生事者，必审几微之势。故曰生事者几之势也。"几，几微，事物微小的征兆。

⑥此揣情饰言成文章，而后论之也：意谓用于揣情之言辞，必须要着意加以修饰，以增强形象性，扩大吸引力，引诱对方敞开胸怀，揣测得到所要的讯息。陶弘景注："言既揣知其情，然后修饰言语以导之，故说辞必使成文章而后可论也。"文章，文辞，说辞。

【译文】

对人实施"揣情"和"量权"之术，没有人能够与之争先，揣术在办事之前预先设计好，这是行揣术最难做到的。所以说揣情最难掌控，游说时一定要时时谋虑，小心应对。所以看小虫子的飞动或爬动，其中都隐含有利害关系，由此可以生出种种事端。大的事端生出来，往往都是有小的征兆。这就要求我们在揣情中善于修饰言辞，然后再去进行论说。

摩篇第八

《太平御览》卷四百六十二引用本篇称作《摩意》篇。摩，切磋。揣术之一种。本篇与《揣篇》为姊妹篇，人们往往以"揣摩"并称。陶弘景题注曰："摩者，顺而抚之也。摩得其情，则顺而抚之以成其事。"嘉庆本本篇题注佚失，今据横秋阁本、高氏本、《四库全书》本增。俞棪曰："《学记》曰：'相观而善之谓摩。'摩者，由外而合于内者也。"《四部精华》引注曰："摩，揣摩也。符，合也。谓外揣摩而内符合也。"

《揣篇》已经说到，"揣"主要是对人内心的探测，"揣情"即测探对方内心隐秘的实情。那么，如何成功地探测到对方内心的真实想法呢？《揣篇》提到利用了对方情绪处在"甚喜"或者"极恶"这样的极端情绪状态下，利用其心理失控来探测对方的内心。但是在现实生活，人们的情绪或心理往往并不处在极端的状态下，所以除了上述两种方法外，就是本篇提到的手法——"摩"。"摩"就是当对方处在情绪平稳心理正常的状态下，如何探测对方的内心的手法。中井积德说："摩在揣度之后，如以手摩弄之也。既能晓通彼人之情怀，而以我之言动摇上下之，以导入于吾囊中也。或扬之，或抑之，皆有激发，即所谓摩也。"因为这样做比较难，而且具有普遍的指导意义，所以单独成篇。

本篇是关于"摩"的专论，内容涉及摩的原则、方法、技巧等。

首先，摩意之原则为"隐貌逃情"。即在摩意过程中，不被对方察觉，达到目的后，立即隐蔽退出，以免暴露。人之内

心乃为其最隐秘之处，当知悉对方在探测他最隐秘之处时，他便会做出自我保护的反应，或有所警觉，使之更为隐蔽，让对方觉察不到。因此如果不能遵循隐蔽性原则，摩意便不会成功。同时"隐貌逃情"也是策士全身远祸的原则。因为一旦君主知悉其内心被策士知晓、被掌控或操纵，势必会对策士有所猜忌，这样，策士离罹祸也就不远了。因此在摩意过程中，一定要做到不被察觉，做到"能成其事而无患"，全身而退。

其次，摩意之方法主要有"有以平，有以正，有以喜，有以怒，有以名，有以行，有以廉，有以信，有以利，有以卑"等。针对不同的对象使用不同的方法，实际运用过程中千变万化，不能拘泥行事。

最后，摩意之技巧主要有二：其一为"以其所欲而探之"。鬼谷子善于利用人的心理，注重从人的心理欲望出发来达到目的。欲望乃人行动直接动力，策士们顺着游说对象的欲望去说，以满足对方欲望为诱饵，便能紧紧地吸引对方，探测到对方真实的内心世界。其二为以类相摩。即想要了解对方心理，必然要先熟悉对方性格，按其性格归纳出类别，针对不同类别分别施行摩意之术。性格也是心理学研究的对象，鬼谷子重视人的性格，分析归纳性格的类型，以此作为推测的依据，并从历史经验出发作出判断。这种思路就是后来的面相预测术。后代相面术奉鬼谷子为祖师，其原因亦在于此。

值得注意的是，从现有的材料看，本篇是最早提出"阴谋"一词的著作之一。《摩篇》说："圣人谋之于阴，故曰神；成之于阳，故曰明。"谋于阴，即强调进行计谋要暗中进行，是隐藏的，不能公开，不能外露。暗中策划就是阴谋。当然，"阴谋"在《鬼谷子》中并没有贬义，只是计谋的一种方式。因为一旦谋略公开，就将给自己带来被动或损失，使自己的计划不能成功。后来，阴谋专指暗中策划做坏事，那是语言发展的结果。在《鬼谷子》中，提出策划做事要保密、要隐藏自己的真实意图，是为了达到目的的手段，是《鬼谷子》贡献的一大智慧。

《揣篇》所论重在揣悉对方内心之情，《摩篇》即论其方法，故本篇乃《揣篇》之延续。

摩者，揣之术也①。内符者，揣之主也②。用之有道③，其道必隐④。微摩之⑤，以其所欲，测而探之，内符必应。其所应也，必有为之⑥。故微而去之，是谓塞窌、匿端、隐貌、逃情，而人不知，故能成其事而无患⑦。摩之在此，符应在彼，从而用之，事无不可⑧。

【注释】

①摩者，揣之术也：陶弘景注："谓揣知其情，然后以其所欲切摩之，故摩为揣之术。"摩，本意为切磋，研究，这里借指探测对方心理的一种方法，是揣情术一种。

②内符者，揣之主也：按，"揣"的主要目的就是从对方外在表现推测对方内心实情。《韩非子·说难》曰："凡说之难，在知所说之心。"摩，即揣知所说者之心。陶弘景注："内符者，谓情欲动于内而符验见于外。揣者见外，符而知内情。故内符为揣之主也。"内符，内心情感活动的外在表现。尹桐阳说："情在于内，摩之可得，则彼情如符信然，故云内符。"主，主旨，目的。

③用之有道：此句意谓运用摩的规律。陶弘景注："揣者所以度其情慕，摩者所以动其内符。用揣摩者，必先定其理。故曰用之有道。"道，规律，法则。

④其道必隐：按，"摩"术是针对对方处在情绪正常的情况下使用的，因为对方的心理比较警觉，一不小

心就会暴露己方的意图而遭到对方的拒绝或伤害，所以使用摩的时候一定要隐蔽。陶弘景注："以情度情，情本潜密，故曰其道必隐也。"隐，隐蔽，隐秘。

⑤微：暗暗地，暗中。

⑥其所应也，必有为之：用摩之时，须顺对方喜好愿望，推测并试探之，对方内心实情必然有所流露。一旦有应，则加以利用。陶弘景注："言既揣知其情所趋向，然后以其所欲微切摩之，得所欲而情必动；又测而探之，如此则内符必应。内符既应，必欲为其所为也。"有为，有所作为。这里指根据他的外部表情来测知对方的内心。

⑦"故微而去之"四句：意谓摩之目的达到后，当暗中退出。自始至终，对方均不知晓，如此便能取得成功而不会留下祸患。陶弘景注："君既欲为事必可成，然后从之；臣事贵于无成有终，故微而去之尔。若己不同于此，计令功归于君，如此可谓塞窌、匿端、隐貌、逃情。情逃而窌塞，则人何从而知之。人既不知，所以息其僭妒，故能成事而无患也。"塞窌（jiào），堵塞漏洞。窌，地窖，这里引申为漏洞。匿端，隐匿头绪。尹桐阳注："窌、端，皆所以藏物者。"《四部精华》注曰："窌，音教，与窖同，地藏也。塞窌匿端，谓塞其所藏而隐匿其端，不使人见也。"隐貌，隐蔽己方的外在表现。逃情，隐藏起己方内心的真情。逃，即隐藏。

⑧"摩之在此"四句：按，此言摩之神奇作用。只要

善于使用，则必然成功。陶弘景注："此摩甚微，彼应自著。观者但睹其著而不见其微，如此用之，功专在彼，故事无不可也。"

【译文】

摩是揣术的一种。人的内心真实想法必定表露于外，通过摩的手段将人内心的隐秘实情暴露出来为我所知，这是揣的主要目的。运用摩的规律，关键在于要做到隐蔽。暗暗地运用摩的手法，根据对方的需要，从满足其喜好欲望的角度，暗中试探他，对方内心在欲望的驱使下一定会有反应。一旦有了反应，在外部表情中显露出来，我们就能够有所作为。在目的达到之后再暗暗地离开，这就叫做堵塞漏洞，藏匿头绪，隐蔽己方外在表现和内心的真实想法，不让己方的表情泄密，做到对方和他人都不知道己方的行为和心理，这样事情办成功了，也没有留下后患。我们用满足对方的喜好欲望来引诱他，对方一定会有行动反应出来，接着我们再根据他的反应来做事，那么没有什么事情是做不好的。

古之善摩者，如操钩而临深渊，饵而投之，必得鱼焉。故曰主事日成而人不知，主兵日胜而人不畏也①。圣人谋之于阴，故曰神；成之于阳，故曰明②。所谓主事日成者，积德也③，而民安之不知其所以利；积善也④，民道之不知其所以然⑤，而天下比之神明也⑥。主兵日胜者，常战于不争不费，而民不知所以服，不知所以畏，而天下比之神明⑦。

【注释】

①故曰主事日成而人不知，主兵日胜而人不畏也：按，此言用摩之术而达到的效果。治国使民，战场取胜均成功于无形之中。陶弘景注："钓者露饵而藏钩，故鱼不见钩而可得；贤者显功而隐摩，故人不知摩而自服。故曰主事日成而人不知也；兵胜由于善摩，摩隐则无从而畏，故曰主兵日胜而人不畏也。"主事，这里指主持掌管国家政治经济外交等大事。主，掌管。人不畏，士兵相信统帅的谋略而不惧怕敌人。

②"圣人谋之于阴"四句：意谓善用摩者如同圣人，用力于无形，而成就显著。陶弘景注："潜谋阴密，日用不知，若神道之不测，故曰神也。功成事遂，焕然彰著，故曰明也。"神，事理神妙，神奇。

③积德：积累德行，指对民众的好处一个接着一个。

④积善：积累善事，指对民众的教育引导。

⑤道：同"导"。

⑥而天下比之神明也：陶弘景注："圣人者，体神道而设教，参天地而施化，韬光晦迹，藏用显仁。故人安德而不知其所以利，从道而不知其所以然，故比之神明也。"神明，谓像神一样无所不知。

⑦"主兵日胜者"五句：意谓圣人善用摩术驭兵，则消弭战争于无迹无形。陶弘景注："善战者，绝祸于心胸，禁邪于未萌。故以不争为战，师旅不起。故国用不费，至德潜畅，玄风遐扇，功成事就，百姓

皆得自然。故不知所以服，不知所以畏，比之于神明也。”不争不费，不必争斗，没有花费。

【译文】

古代的那些善于使用摩的人，就好像拿着钓鱼竿在深渊旁垂钓一样，饵料投放下去了，一定能够钓到鱼。所以说，这种人掌管政事，每天处理事务都能成功而别人却无法感受到；指挥军事，每天都能打胜仗，士兵相信统帅的谋略而不惧怕敌人。圣人谋划在暗中，所以称作“神”；成事在明处，所以说是“明”。所谓主持政事每天都能成功，是因为他在积累德行，民众享受到的好处一个接着一个，但并不知道是谁给了他们利益；他在不断地对民众教育引导，而民众接受引导教化却不知道原因，这样天下人就把他比作“神明”。所谓指挥军事每天都能打胜仗的，是说他经常不用攻杀的手段进行战斗，也没有耗费人力和物力就结束了战争，因而老百姓不知道他是怎样使敌人顺服，也不知道他是怎样使敌人害怕的，这样天下人就把他比作“神明”。

其摩者，有以平，有以正，有以喜，有以怒，有以名，有以行，有以廉，有以信，有以利，有以卑①。平者，静也；正者，宜也②；喜者，悦也；怒者，动也；名者，发也③；行者，成也④；廉者，洁也；信者，期也⑤；利者，求也；卑者，谄也⑥。故圣人所以独用者⑦，众人皆有之，然无成功者，其用之非也⑧。

【注释】

①有以卑：按，这里提出的十种方法，乃针对十种不同个性之人而实施。陶弘景注："凡此十者，皆摩之所由而发。言人之材性参差，事务变化，故摩者亦消息盈虚，因几而动之。"

②宜：适宜，正好。

③名者，发也：此处是指散播对方名声。陶弘景注："名贵发扬，故曰发也。"发，发生，散发。

④行者，成也：此处指使对方行动能够成功。陶弘景注："行贵成功，故曰成也。"行，行动。

⑤期：期待。

⑥卑者，谄（tāo）也：按，以上言十种方法使用之结果。谄，隐藏，隐瞒。

⑦独用：独自使用，这里指圣人使用的手段。

⑧其用之非也：意谓十种方法使用要遵循因人而异的规律，否则就不能成功。陶弘景注："言上十事，圣人独用以为摩而能成功立事，然众人莫不有之。所以用之，非其道，故不能成功也。"用之非，这里指用非其道，使用时没有按照其规律。

【译文】

摩的方式有很多种：有的用平，有的用正，有的用喜，有的用怒，有的用名，有的用行，有的用廉，有的用信，有的用利，有的用卑。"平"的方法能够使对方可以用平静的心态处理事务；"正"的方法能够使对方觉得这样做刚好合适；"喜"的方法是让对方高兴；"怒"的方法是让对方激动;"名"的方法是让对方名声能够得到传播;"行"的方法是让对方能够成就事业;"廉"的方法是让对方感到这样做是廉洁自律;"信"的方法是让对方因为讲信用而被人们期待;"利"的方法是让对方能够得到自己的所求的东西;"卑"的方法是让对方隐藏起来,以韬光养晦的方式以自保。所以圣人使用的这些方法,普通人也都是可以用的,但是很少有人能成功,其原因就在于没有掌握好规律。

故谋莫难于周密,说莫难于悉听,事莫难于必成。此三者,唯圣人然后能任之①。故谋必欲周密,必择其所与通者说也,故曰或结而无隙也②。夫事成必合于数③,故曰道数与时相偶者也④。

【注释】

① "故谋莫难于周密"五句:意谓计谋最难者在于做到周密,游说最难者在于做到让对方全部听取己方意见,做事最难者在于让所做之事必定成功。此三者,只有圣人才能够做得到。陶弘景注:"谋不周密则失机而害成,说不悉听则违理而生疑,事不必成则止篑而中废,皆有所难。能任之而无疑者,其唯圣人乎?"《太平御览》引佚注曰:"摩不失其情,故能建功。"任,抱,负担。

② "故谋必欲周密"三句:意谓谋必与己意相通者才告知,以保周密。陶弘景注:"为通者说谋,彼必虚受;如受石投水,开流而纳泉,如此则何隙而可

得。故曰结而无隙也。"所与通者，与己方心意相通的人。说，商量，谋划。结而无隙，像打结一样紧密而没有缝隙。

③数：技术，这里指游说技术。

④故曰道数与时相偶者也：策士谋事能否成功，还要看天时、规律、技巧是否巧合。陶弘景注："夫谋成，必先考合于术数，故道、数、时三者相偶合，然后事可成而功可立也。"偶，合。

【译文】

所以计谋最难做到的是周详严密，游说最难做到的是让对方全部听从己方的意见，办事最难的是让所做之事一定成功。这三者，只有圣人才能够做得到。所以计谋一定要做到周密，必定选择能够与自己心意相通的人一起商量谋划；所以说这就像给绳子打结一样紧密而没有缝隙。要把事情做成功必定要符合游说所要求的技术，这就叫做道理、技术、时机三者相互结合。

说者听必合于情，故曰情合者听①。故物归类，抱薪趋火，燥者先燃；平地注水，湿者先濡②。此物类相应，于势譬犹是也③。此言内符之应外摩也如是④。故曰摩之以其类焉，有不相应者，乃摩之以其欲，焉有不听者⑤？故曰独行之道⑥。夫几者不晚，成而不拘，久而化成⑦。

①说者听必合于情，故曰情合者听：意谓只有内情切合者才会听取，故游说必选择与己情合者去说。陶弘景注："进说而能令听者，其唯情合者乎。"情，这里指人内心的感情。

②濡（rú）：滋润。

③此物类相应，于势譬犹是也：意谓摩意与自然界物类相应原理相通，只有内情相通，方可实施。势，在情势上必然产生的趋向。

④内符之应外摩也如是：陶弘景注："言内符之应外摩，得类则应。譬犹水流就湿，火行就燥也。"内符之应外摩，指自己从外部出发去摩对方，对方的内心反应一定会表露出来。

⑤"故曰摩之以其类焉"四句：按，此言摩术之两原理，一为同类相应而摩，一为顺其欲而摩。

⑥独行之道：指圣人使用的方法。陶弘景注："善于摩者，其唯圣人乎！故曰独行之道也。"

⑦"夫几者不晚"三句：意谓运用摩术，既要善于把握时机，又要功成不居位，善于自保，才能全身而退，最终成功。陶弘景注："见几而作，何晚之有？功成不居，何拘之有？久行此二者，可以化天下。"几，事物的微小迹兆。拘（gōu），取。化，生，生成。

【译文】

　　游说时所说的话要使对方听从，就一定要合于对方内心的真情，只有内心情感切合的才会听取。所以物都是以类而聚，抱着柴薪走向火，干燥的会率先燃烧；平坦的地面注入水，湿润的地面先积水。这就是物类相应的道理，而在情势上必然产生的趋向也是这样。这里说的内符回应外摩也是这个道理。所以说，运用摩的手法，就是要用同类去感应，如有不感应，就改用满足对方欲望的办法来引诱，这样对方哪有不听从的呢？所以说这种技巧，只有圣人能够使用它。能够见到事物的微小征兆就采取行动，这样就不会错过时机，事情成功了，便默默地退出，不将功劳据为己有，做到这两样，长久以往，便能够获得最后的成功。

权篇第九

《太平御览》卷四百六十二引用本篇称作《量权》篇。权，秤锤。陶弘景题注："权者，反复进却以居当也。"《道藏》本、嘉庆本皆无题注，今据横秋阁本、高氏本、《四库全书》本增。游说乃战国时期策士们从事社会政治斗争的主要手段，《鬼谷子》作为纵横家唯一子部书，对游说的原理与方法特别重视，本篇即为讨论游说原理与技术的专论。

本篇内容十分广泛，既有原理论述，也有言辞特征分析，还有言辞的使用方法。在原理论述上，首先讨论了为何要注意语言修辞。文中提出，策士进行社会活动的主要手段就是游说。游说，即"说者，说之也；说之者，资之也"，从己方看，游说就是为了说服对方；从对方看，要说服他必须要对他有所帮助，他才会听，而要达到目的，必须善于"饰言"，也就是要注意语言的修辞问题。所谓饰言，就是通过对文辞的增减来达到目的。在应对、问难、申说等对话过程中，都要做到"饰言"。

在论述"饰言"重要性之后，文章即对说辩的原理作了深入论述。先从身体内外信息交流的通道、口、耳、目的功用讲起，强调三者的协调运用，用耳、目听取、观察对方的言辞和表情等，然后经过心的思考之后，再反馈给口，通过口表达自己的观点。我方观点、意见，又通过对方耳、目等器官传入到他的心里，经过他的分析、判断后再表述出来。经过这样几次往返的讯息交流，双方的观点逐步达到一致，己方的观点被对方接受，说辩过程也就结束了。所以说，说辩过程，就是双方信息交流的过程，明白于此，就要注意在说辩过程中发挥口、耳、目的作用，注意对方的智力知识结构和层次，借助对方说辞中的长处，以为己用，并利用自己的特长去说服对方。

既然重视语言修辞，就必须对言辞的特征有所了解。本篇讨论了十种言辞的特征与目的。十种言辞又可分为两类：

佞言、谀言、平言、戚言、静言，这五种言辞是特别需要使用的。佞言，揣度对方意欲而设置说辞，其目的是为了让对方觉得我们对他忠心耿耿，以缩短双方的心理距离；谀言，繁称文辞，为对方论点翻来覆去地寻找证据，从各方面加以论证，让对方觉得我们博学多识，为取得对方信任打下基础；平言，该讲则讲，该停则停，让对方觉得我们勇于决事，为对方听从我们的决策打下基础；戚言，以悲戚的言辞去说心中的话，博得对方同情，以取得信任；静言，自知自己不足，故意加以掩盖，反而责备他人的不足，以求得辩驳的胜利，让对方听从我们的决策。策士明白了这五种说辞的特征和目的，可以根据人主的情况，依据说辩的形势需要选择不同的种类，并依此特征去设置说辞，以达到不同的说辩目的。

病言、恐言、忧言、怒言、喜言，这五种言辞是特别需要禁忌的。病言，让人听了感到气馁而没有精神；恐言，让人听了害怕而失去主见；忧言，让人听了心情郁闷而不愿与己交流；怒言，让人听了因愤怒冲动导致不可收拾的后果；喜言，让人听了心意疏散而失去主见。这五种言辞在一般情况下是需要禁忌的；但是如果掌握了它们的特殊妙用，在特定场合、特殊情况下使用，却能起到正常言辞所不能起到的作用。

此外，本篇还论述了针对不同性格特点的人游说时要采取的九种不同态度，以及进献言辞"用其长"的方法，如"言其有利者，从其所长也"，"言其有害者，避其所短也"等。

总之，依据不同游说对象，针对不同游说形势去变化游说手法，选择不同游说方式，设置不同的言辞，通篇上下，贯穿了一个权宜局势、随机应变的主旨。此种观念与由此生发出的种种游说技术，乃是在不断总结前代外交人士的经验和技术的基础上归纳出来的。

　　值得注意的是，本篇所说的"饰言"，就是今天所说的"修辞"。饰言，就是增减调整语言，使其达到最大的效果。本篇主要是从游说，也就是从口头语言表达方面讨论修辞问题，这也使得本篇成为我国先秦时期最系统的修辞理论专论。

　　说者，说之也；说之者，资之也①。饰言者，假之也，假之者，益损也②；应对者，利辞也，利辞者，轻论也③；成义者，明之也，明之者，符验也④。言或反覆，欲相却也⑤。难言者，却论也，却论者，钓几也⑥。

【注释】

①"说者"四句：意谓从己方看，游说即为了说服对方；从对方看，要说服他必须要对他有所帮助。陶弘景注："说者，说之于彼人也；说之者，所以资于彼人也。资，取也。"陶注说从彼人处获取，亦通。说者，游说者。说之，说服对方。资，助。

②"饰言者"四句：意谓修饰言辞，就是需借助动人的言辞打动对方；既然要借助言辞，就要对言辞加以增减修饰。陶弘景注："说者所以文饰言语，但假借以求入于彼，非事要也；亦既假之须有损益。故曰假之者，损益也。"饰言，修饰言辞。假，借助。

③"应对者"四句：意谓游说过程中，遇到猝然对答之时，须用机巧的言辞浮泛作答。陶弘景注："谓彼有所问，卒应而对之，但便利辞也。辞务便利，故所论之事，自然利辞，非至言也。"应对，对答。利，便利，此指机巧。轻，快速，浮泛。

④"成义者"四句：意谓申说义理的言辞必须要让对方明白某个道理，若使对方明白某个道理，又必须要举事实加以验证。陶弘景注："核实事务以成义理

者，欲明其真伪也；真伪既明则符验自著。故曰明
之者符验也。"成义，成义理的言辞。这里指申说
义理的言辞。

⑤言或反覆，欲相却也：陶弘景注："言或不合反覆相
难，所以却论前事也。"按，此句《道藏》本在注中。
却，退。或曰，欲相却，即意欲打消对方的顾虑。

⑥"难言者"四句：意谓双方互相论难之时，己方不
接受对方的言论，不接受对方言论的目的是为了把
其隐微之事勾引出来。陶弘景注："却论者，必理精
而事明，几微可得而尽矣，故曰却论者钓几也。求
其深隐曰钓也。"却论，不接受对方的言论。却，
推辞不受。

【译文】

游说就是为了说服对方，要说服对方必须要对他有所
帮助。修饰言辞，需要借助动人的言辞，要借助动人的言
辞，就要对言辞加以增减修饰；回答对方突然的发问，要
用机巧的言辞浮泛作答；申说义理的言辞必须要让对方明
白某个道理，若使对方明白某个道理，又必须要举事实加
以验证。言谈时双方可能意见不合，就需要反复辩难，意
欲使对方让步。双方互相论难时，己方不接受对方的言论，
不接受对方言论的目的是为了把对方隐微的事勾引出来。

　　佞言者，谄而干忠①；谀言者，博而干智②；平
言者，决而干勇③；戚言者，权而干信④；静言者，
反而干胜⑤。先意承欲者⑥，谄也；繁称文辞者⑦，

博也；纵舍不疑者⑧，决也；策选进谋者⑨，权也；先分不足以窒非者⑩，反也。

【注释】

①佞言者，谄而干忠：佞言，其特点是用奸巧的言辞巴结对象，以求得忠诚之名。陶弘景注："谄者，先意承欲以求忠名，故曰谄而干忠。"佞言，不是发自内心，而是为了取媚故意说出的言辞。干忠，博取忠臣之名。

②谀言者，博而干智：谀言，其特点是博引文辞奉承对方，以求得智者之名。陶弘景注："博者繁称文辞以求智名，故曰博而干智。"谀言，用不实之词奉承。博，广泛使用华丽的文辞。

③平言者，决而干勇：平言，其特点是用直截了当的言辞来说，以敢于直言勇于决策而求得勇者的名声。陶弘景注："决者，纵舍不疑以求勇名，故曰决而干勇。"平言，直截了当的言辞。

④戚言者，权而干信：戚言，特点是根据形势权且装出忧戚的样子，说出悲伤的话，以博得对方同情，从而赢得对方信任。陶弘景注："戚者忧也。谓象忧戚而陈言也。权者策选进谋，以求信名，故曰权而干信。"戚言，忧戚的样子说出来的悲伤的话。

⑤静言者，反而干胜：静言，特点是自知自己不足，所以故意回避，转而责备他人的不足，以求得辩驳胜利。陶弘景注："静言者，谓象清净而陈言；反

者，他分不足以窒非，以求胜名。故曰反而干胜。"
静，同"靖"，谋议。反，自己理由不足反而责备
他人的不足。

⑥先意承欲：先预测到对方的欲望，然后顺其欲望
去说。

⑦繁称文辞：广泛征引文辞去说。

⑧纵舍不疑：抛却疑虑，放开去说。

⑨策选进谋：进献计谋时要注意策略的选择。

⑩先分不足以窒非：谓自己的理由不足反而攻击对方
之过，致使对方成为过错的一方。陶弘景注："己实
不足，不自知而内讼，而反攻人之过，窒他为非，
如此者反也。"

【译文】

佞言，不是发自内心，而是为了取媚故意说出的言辞，
能够隐藏自己的真实意图而博得忠的美名；谀言，用繁复
称引之华丽言辞奉承能够获得智的名声；平言，用直截了
当的言辞来说，以敢于直言而求得勇者的名声；戚言，根
据形势权且装出忧戚的样子，说出悲伤的话，从而赢得对
方的信任；静言，有谋略的言辞都是自知自己不足反而责
备他人的不足，以求得辩驳的胜利。先预测到对方的欲望，
然后顺其欲望去说，就是"谙"；广泛称引华丽的文辞，就
是"博"；把疑虑抛却而直截了当地说，就是"决"；根据
形势的变化选择策略而进说，就是"权"；自己的理由不
足反而反攻对方之过，致使对方成为过错的一方，这就是
"反"。

故口者，机关也，所以关闭情意也^①；耳目者，心之佐助也，所以窥瞷奸邪^②。故曰参调而应，利道而动^③。故繁言而不乱，翱翔而不迷，变易而不危者，睹要得理^④。故无目者不可以示以五色，无耳者不可告以五音^⑤。故不可以往者，无所开之也，不可以来者，无所受之也^⑥。物有不通者，圣人故不事也^⑦。古人有言曰："口可以食，不可以言。"^⑧言者，有讳忌也^⑨。"众口铄金"，言有曲故也^⑩。

【注释】

①"故口者"三句：陶弘景注："口者所以发言语，故曰机关也；情意宣否在于机关，故曰所以开闭情意也。"机关，事物的枢要、关键。

②"耳目者"三句：按，纵横家认为，人之内心情意皆有口出，而耳目皆辅佐心，心、耳、目并用，则奸邪即可察知。陶弘景注："耳目者所以助心通理，故曰心之佐助也；心得耳目即能窥见间隙，见彼奸邪，故曰窥瞷奸邪也。"心，古人认为心是思维器官，作用类似于今天所说的大脑。瞷（jiàn），窥视。

③故曰参（sān）调而应，利道而动：意谓口、耳、目三者调和相应，选择向有利于自己的方向而动。陶弘景注："耳目心三者调和而相应，则动必成功，吉无不利，其所以无不利者，则以顺道而动，故曰参调而应，利道而动也。"参，这里指口、耳、目。

④"故繁言而不乱"四句：按，此言策士在游说时要

善于在各种复杂的言辞中，辨别出要理；反过来，一旦抓住中心要理，便不会被各种言辞所迷惑。陶弘景注："苟能睹要得理，便可曲成不失。故虽繁言纷葩而不乱，翱翔越道而不迷，变易改当而不危也。"翱翔，像鸟一样在天上飞。这里指行动自由。危，诡，欺诈。

⑤故无目者不可以示以五色，无耳者不可告以五音：陶弘景注："五色为有目者施，故无目者不可得而示；五音为有耳者作，故无耳者不可得而告。此二者为下文分也。"五色，青、黄、赤、白、黑五种颜色。这里泛指各种颜色。五音，宫、商、角、徵、羽五种音调。这里泛指各种声音。

⑥"故不可以往者"四句：意谓若不前去游说，则不会打开对方心扉而了解实情；若不让他人前来游说，则不会得到对方之想法。陶弘景注："此不可以往说于彼者，为彼暗滞，无所可开也；彼所以不来说于此者，为此浅局无所可受也。"

⑦物有不通者，圣人故不事也：意谓双方讯息不通，圣人则不乱做。陶弘景注："夫浅局之与暗滞，常闭塞而不通，故圣人不事也。"物，事物。不事，意即不乱做事。事，做，从事。尹桐阳曰："故不事者，谓言当止而不事。"

⑧口可以食，不可以言：陶弘景注："口食可以肥百体，故可食也；口言或有招百殃，故不可以言也。"

⑨言者，有讳忌也：陶弘景注："言者触忌讳，故曰有

忌讳也。"言，原脱。今据《道藏》本补。

⑩"众口铄金"，言有曲故也：陶弘景注："金为坚物，众口能铄之，则以众口有私曲故也。故曰言有曲故也。"言有曲，说话时因怀有私心而难免歪曲事实。

【译文】

所以说口是机关，是用来控制实情和心意的；耳目是心的辅助，是用来窥探奸邪的。所以说口、耳、目三者调和相应，选择有利的途径然后行动。这样便能做到：言辞繁多但不会混乱，行动自由但不会迷失方向，情况变化而不被欺骗，这都是因为看准了要点而得到应对的原则。所以没有视力的人是不能显示各种颜色给他看的，没有听力的人是不能发出各种声音给他听的。如果不去游说，就不会打开对方的心扉而了解实情，如果不让他人前来游说，就不会得到对方的想法。双方信息不通，圣人是不会乱做的。古人有句话说："口可以用来吃饭，但不能随便说话。"说话要有所顾忌。谚语说"众口铄金"，就是因为人们在说话时怀有私心而难免歪曲事实的缘故。

人之情，出言则欲听，举事则欲成①。是故智者不用其所短，而用愚人之所长，不用其所拙，而用愚人之所工，故不困也②。言其有利者，从其所长也；言其有害者，避其所短也③。故介虫之捍也，必为坚厚；螫虫之动也，必以毒螫④。故禽兽知用其长，而谈者亦知其用而用也⑤。

【注释】

①"人之情"三句：陶弘景注："可听在于合彼，可成在于顺理。此为下起端也。"情，常情，常态。

②"是故智者不用其所短"五句：按，此言智者善于扬长避短，故能成功。陶弘景注："智者之短，不胜愚人之长；智者之拙，不胜愚人之工。常能弃此拙短而用彼工长，故不困也。"拙，笨拙，不擅长。工，巧，擅长。

③"言其有利者"四句：《太平御览》引佚注曰："人辞说条通理达，即叙述从其长者，以昭其德，人言壅滞，即避其短，称宣其善，以显其行。言说之枢机，事物之志务者也。"陶弘景注："人能从利之所长，避害之所短，故出言必见听，举事必成功也。"

④"故介虫之捍也"四句：本句《太平御览》引作"介虫之捍，必以甲而后动；螫虫之动，必先螫毒。"介虫，带甲壳的虫。捍，捍卫，保卫。螫（shì）虫，带毒刺的虫。

⑤故禽兽知用其长，而谈者亦知其用而用也：意谓介虫、螫虫均知扬长避短，游说则更如此。本句《太平御览》引作"故禽兽知其所长，而谈者不知用也"。陶弘景注："言介虫之捍也，入坚厚以自藏，螫虫之动也，行毒螫以自卫，此用其所长，故能自勉于害，至于他鸟兽，莫不知用其长，以自保全。谈者感此，亦知其所用而用也。"

【译文】

人之常情是说出话来总希望让人家听从，干什么事总想着能够成功。因此，聪明的人总是避免使用自己的短处，而利用愚笨人的长处，避免使用自己笨拙之处，而利用愚笨人擅长之处，所以不会陷入困境。说某个事物或某个因素是有利的，那是因为我们是从它的长处来说的；说某个事物或某个因素是有害的，那是因为我们是从它的短处来说的，从其短处着眼来避免祸害。所以带有甲壳的虫在保卫自己的时候，一定要用坚固厚实的甲壳；带毒刺的虫在出动攻击的时候，必定要用它的毒刺。禽兽都知道使用它们的长处，因此，游说的人也要知道他应该使用的方法而使用之。

故曰辞言有五：曰病、曰恐、曰忧、曰怒、曰喜①。病者，感衰气而不神也；恐者，肠绝而无主也；忧者，闭塞而不泄也；怒者，妄动而不治也；喜者，宣散而无要也②。此五者，精则用之，利则行之③。故与智者言依于博，与博者言依于辨，与辨者言依于要，与贵者言依于势，与富者言依于高，与贫者言依于利，与贱者言依于谦，与勇者言依于敢，与愚者言依于锐④。此其术也，而人常反之⑤。

【注释】

①故曰辞言有五：曰病、曰恐、曰忧、曰怒、曰喜：

意谓病言、恐言、忧言、怒言、喜言在游说中是忌讳之言，应加以摒弃。陶弘景注："五者有一，必失中和而不平畅。"辞言，这里指应摒弃之言。

② "病者"十句：按，以上详解五种应该摒弃之言的特点。病言，就是像病人气力不足那样的没有神气之言。恐言，就是像人害怕得断了肠子，痛苦而又没有主见的言辞。忧言，就是像人愁思不通畅的言辞。怒言，就是像人怒火攻心胡撞乱动那样没有条理的言辞。喜言，就是像人得意忘形不知要点的言辞。陶弘景注："病者恍惚，故气衰而言不神也；恐者内动，故肠绝而言无主也；忧者快悒，故闭塞而言不泄也；怒者郁勃，故妄动而言不治也；喜者摇荡，故宣散而言无要也。"宣，疏散。

③ "此五者"三句：按，上述五种病言，皆从中医学角度比喻作解，而据中医理论，精气通则上述五种症状就会消失，语言就会畅达。所以此句意谓，这五种言辞只有在人精气畅通了才能使用，只有对自己有利才可以实行。陶弘景注："此五者既失其平常，故用之在精，而行之在利。其不精利则废而止之也。"精，精气，精神。

④ "故与智者言依于博"九句：按，此言游说的原则。要，要点，要领。势，权势，势力。高，尊敬，看重。贱，地位低下。锐，细小。

⑤ 此其术也，而人常反之：此句意谓这些游说原则，人们往往并不知道如何使用，总是违反它。陶弘景

注："此量宜发言，言之术也。不达者反之，则逆理而不免于害也。"反，违反。

【译文】

所以说游说应摒弃的言辞有五种：病辞、恐辞、忧辞、怒辞、喜辞。病辞，让人听了感到气馁而没有精神；恐辞，让人听了害怕而失去主见；忧辞，让人听了心情郁闷而不愿与人交流；怒辞，让人听了因愤怒冲动导致不可收拾的后果；喜辞，让人听了心意疏散而失去主见。这五种言辞只有人精气通畅了才能使用，只有有利才可实行。所以与智者说话要凭借渊博的知识，与知识渊博的人说话要善于辨析事理，与善于辨析事理的人说话要善于抓住要领、简单扼要，与达官贵人说话要围绕权势来进行，与富有的人说话要本着尊敬的态度对待他，与贫穷的人说话要从能够给他带来利益的角度出发，与地位低下的人说话态度谦卑对方就容易接受它，与勇敢的人说话要围绕勇敢果断的话题开展，与愚笨的人说话要从细微之处着眼，用对方容易理解的言语作答。这些就是游说的原则，但是一般人往往违反这些原则。

是故与智者言，将此以明之；与不智者言，将此以教之，而甚难为也①。故言多类，事多变。故终日言，不失其类而事不乱②。终日不变而不失其主③，故智贵不妄④。听贵聪，智贵明，辞贵奇⑤。

【注释】

①"是故与智者言"五句：意谓将上述游说原则运用于智者，那么容易明白而接受，如果要传授给不智的人，就难以办得到。陶弘景注："与智者语，将以明斯术；与不智者语，将以此术教之。然人迷日久，教之不易，故难为也。"难为，难以办到。

②"故言多类"四句：意谓言辞有不同种类，事情千变万化。只要根据实际情况，选择不同种类的言辞去说，事情就不会朝着不利于自己的方面变化。陶弘景注："言者条流舛杂，故多类也；事则随时而化，故多变也。若言不失类，则事亦不乱也。"言多类，这里指上文所说的言辞的种类。

③终日不变而不失其主：按，此句意在强调做到"言其类"的后果。陶弘景注："不乱故不变，不变故存主有常。"主，主旨。

④故智贵不妄：此句意谓游说的智慧在于遵循规律而不妄动。陶弘景注："能令有常而不变者，智之用也；故其智可贵而不妄也。"不妄，不妄动。

⑤"听贵聪"三句：按，此句强调听、知、辞之原则。陶弘景注："听聪则真伪不乱，知明则可否自分，辞奇则是非有诠。三者能行则功成事立。故须贵也。"奇，出其不意。

【译文】

　　所以在跟聪明的人讲话过程中使用这些原则，他是很容易明白的；跟不聪明的人讲话，教他使用这些原则，这是很难办到的。言辞有不同的种类，事情千变万化。只有根据实际情况，选择不同种类的言辞去说，即使整天在说，那么事情也不会混乱。虽然整日所谈的内容不变，也不会迷失主题。所以，智慧的可贵在于能够按照言说的原则去处理事情而不妄动。听言贵在听得清楚明白，智慧贵在能明辨事理，言辞贵在出奇制胜。

谋篇第十

《太平御览》卷四百六十二引用本篇称作《谋虑》篇。谋，计谋。本篇与《权篇》亦为姊妹篇。《权篇》论游说，而游说时主要是为君主进献计谋，为其谋划策略。游说是形式，献谋是内容，故人们往往以"权谋"并称。本篇的题注已佚失，从内容来看，涉及计谋的准备、对象、方法、原则等，是关于谋略的专论。

关于计谋的准备，本文认为，在计谋之前须对计谋对象之综合情况有全面的了解。文中一开篇即曰："凡谋有道，必得其所因，以求其情。"凡谋划策略，皆有一定之规律可循。首先一定要追寻当前问题产生的原因与其发生的经过，即"审得其情"。这就是注意从因果关系的逻辑角度来探求事物的发生、发展与变化之规律。知道这些实情后，就做好了计谋的准备，在此基础上，设计上策、中策和下策，然后根据需要确定所需要之一种，或吸取各种计策之优点，计谋即产生了。

关于计谋的对象，本文认为计谋应有针对性。针对仁人、勇士、智者、愚者、不肖者、贪者等不同的对象设计计谋，让计谋有明确的针对性和指向性。仁义的人看轻财物，不可以用物质利益来诱惑他，但是可使他献出财物；勇士看轻灾难，不可以用祸难使他感到恐惧，但是可使他到危险的地方解除祸患；智者通达事理，不可以用欺诈的手法来蒙骗他，但可以跟他讲道理，使他立功。这三种人才要各得其用。而愚蠢的人，容易受到蒙蔽，所以就蒙蔽他；不肖的人，容易使他感到害怕，就以可怕的结果威胁他；贪婪的人，容易受到引诱，就引

　　关于计谋的方法，本文提出"善因"的总方法。"因其见以然之，因其说以要之，因其势以成之，因其恶以权之，因其患以斥之"，就是要善于依凭并利用客观形势，因势利导，达到自己的目的。按照"因"的方法，结合抵巇术击其危险之处，采用"摩而恐之，高而动之，微而正之，符而应之，拥而塞之，乱而惑之"，这些做法"是谓计谋"。

　　关于计谋的原则，就是"阴"。制定计谋之大忌即泄密，因而设计计谋时要注意隐匿。谋之于阴而勿让人知，计谋可成，此即所谓"阴"谋。这里对"阴谋"一词作了理论上的阐释。

　　本篇最后讲到只有能够懂得在忠信、仁义与中正法则前提下运用谋略之人，才能和他谈计谋。这是对计谋使用的道德约束。若计谋失去了道德约束，计谋即会害人。故设计计谋必定在道德仁义的框架下进行。常人皆认为《鬼谷子》论谋略乃唯利是图，不顾道德约束，此乃误解。

　　值得注意的是本篇提出的"因论"。"因"是战国时期人们普遍讨论的热点话题之一。在老庄道家，强调"道"，"因"的意义也与"道"相连。"道"的本意即顺应自然，所以"因"也有顺应自然，反对违背自然、违背客观规律的意思。在黄老道家，"因论"作为一种"君术"，是无为之道。《慎子·因循》篇说："天道因则大，化则细。因也者，因人之情也。"在兵家，"因"是战略战术的一个重要原则。《孙子兵法·虚实》说："因形而措胜于众。"《史记·孙子吴起列传》引孙膑的话说："善战者，因其势而利导之。"善于打仗的人，都是根据战场上的形势变化而做出相应的变化。《吕氏春秋·决胜》也说："凡兵，贵其因也。因也者，因敌之险以为己固，因敌之谋以为己事。能审因而加，胜则不可穷也。"因，就是利用敌人的天险，把它当作自己的防守阵地；利用敌人的谋略把它当作自己的取胜之道。能根据战场形势的变化，并加以利用，胜利就是没有穷尽的。这些都是兵家重视"因"的言论。在纵横家，《鬼谷子》也说"因"。其《忤合》篇说："反覆相求，因事为制。是以圣人居天地之间，立身、御世、施教、扬声、明名也，必因事物之会，观天时之宜，因知所多所少，以此先知之，与之转化。"或反或覆，推求事理时，都要根据事情的具体情况来制定策略。因此，圣人在天地之间，立身御世，都是顺应事物的发展规律，看天时是否相宜，据此来做相应变化。《鬼谷子》把"因"引入纵横学说的理论领域，并把"因"看作是处理游说和谋略等问题的一个原则和谋略的总方法。

特别值得指出的是，本篇论述，始终贯彻着从实际出发的基本原则与重视人的作用的主导思想，反映了《鬼谷子》独特的价值观。

凡谋有道，必得其所因，以求其情^①。审得其情，乃立三仪^②。三仪者：曰上，曰中，曰下，参以立焉，以生奇^③。奇不知其所壅，始于古之所从^④。故郑人之取玉也，载司南之车^⑤，为其不惑也。夫度材量能揣情者，亦事之司南也。

【注释】

①"凡谋有道"三句：意谓计谋有规律可循，其规律即运用因果关系，由原因探寻结果，由结果追索原因，在因果关系中，求得实情。陶弘景注："得其所因，则其情可求；见情而谋，则事无不济。"道，规律。

②三仪：《太平御览》引有佚注，曰："三仪，有上有下有中。"仪，法度，准则。

③参（cān）以立焉，以生奇：意谓审得其情后，设计上、中、下三种计策。然后比较三种计策，确定所需要的哪一种，奇计就产生了。陶弘景注："言审情之术，必立上智、中才、下愚。三者参以验之，然后奇计可得而生。"参，参验，比照。

④奇不知其所壅，始于古之所从：意谓奇计产生后无往而不胜，这种计谋的方法始于古人的实践。陶弘景注："奇计既生，莫不通达，故不知其所壅蔽。然此奇计，非自今也，乃始于古之顺道而动者，盖从于顺也。"壅，壅塞。从，从事，实践。

⑤司南：指南针，古代用来测方向的仪器。

【译文】

凡是谋划策略，都是有一定的规律的。这就是首先一定要追寻当前问题产生的原因和它发生的经过，特别是当前面临的处境等实情。知道这些实情后，设计上、中、下三种计策，然后将这三种计策相互参验，相互吸收互补，确定出所需要的那一种，奇计就产生了。奇计产生后便可以无往而不胜。奇计的方法并不是我们现在所拥有的，而是始于古人的实践。所以，郑国人上山采玉的时候，一定驾上司南之车，目的就是不迷路。揣度对方的才干，衡量对方的能力等这些了解对方实情的做法就是处理事情设计计谋的指南针。

故同情而相亲者，其俱成者也；同欲而相疏者，其偏害者也①。同恶而相亲者，其俱害者也；同恶而相疏者，偏害者也②。故相益则亲，相损则疏。其数行也，此所以察异同之分也③。故墙坏于其隙，木毁于其节，斯盖其分也④。故变生事，事生谋，谋生计，计生议⑤，议生说，说生进，进生退，退生制。因以制于事，故百事一道而百度一数也⑥。

【注释】

①"故同情而相亲者"四句：意谓有共同欲望、目的之双方若相互亲近，使双方皆能成功；有共同欲望、目的的双方若相互疏远，其中一方必受伤害。

陶弘景注："同情，谓欲共谋立事，事若俱成，后必相亲。若乃一成一害，后必相疏，理之常也。"同情，这里指欲望或所要达到的目的相同的双方。相亲，相互亲近。偏害，其中一方受害。

②"同恶而相亲者"四句：有共同憎恶的双方如果互相亲近，那么他们的仇恨会相互感染对方，使得仇恨成倍增加而对双方都有伤害；有共同憎恶的双方若相互疏远，则对其中的一方有伤害。陶弘景注："同恶，谓同为彼所恶。后若俱害，情必相亲，若乃一全一害，后必相疏，亦理之常也。"同恶，这里指有共同憎恨目标的双方。

③其数行也，此所以察异同之分也：意谓如果要实行谋划，必察双方是相同或相异。陶弘景注："异同之分，用此而察。"数，术。尹桐阳注："数行犹云常事。"

④"故墙坏于其隙"三句：意谓墙有隙，木有节。隙或节是事变发生之处。陶弘景注："墙木坏毁，由于隙节，况人事之变生于异同，故曰斯盖其分也。"节，树木枝干交接的部位。

⑤议：言论。

⑥故百事一道而百度一数也：按，以上依因果关系立论，论说计谋、议说、进退之间的因果关系，由此用因果关系来推本求源，事能成功。陶弘景注："言事有根本，各有从来，譬之卉木，因根而有枝条花叶，故因变隙，然后生于事业。事业者，必须计谋成；计谋者，必须议说；议说者，必有当否。故须

进退之。既有黜陟，须别事以为法，而百事百度，何莫由斯而至。故其道数一也。”

【译文】

有共同欲望利益或目的的双方，如果互相亲近，那么因为双方有共同的目标使得他们合作而获得成功；有共同欲望利益或目的的双方若相互疏远，那么其中一方必会受到伤害。有共同憎恶或仇恨的双方，如果互相亲近，那么他们的仇恨会相互感染对方，使得仇恨成倍增加而对双方都有伤害；有共同憎恶的双方若相互疏远，那么只有其中的一方会有伤害。所以，双方有利就相互亲近，双方有害就彼此疏远。一个计谋如果要运用，必须要看到双方的是同或是不同的区分。所以土墙从有裂缝的地方崩坏，树木从有节的地方折断，缝隙和节疤就是它们的分界之处。新的事物、新的情况都是旧事物发展变化才产生出来的，为解决新的问题才需要谋略，需要谋略，才需要计划考虑，计议筹划能产生言论，有了言论才产生游说，有了游说才能使事情朝解决的方向发展，事情或问题按照解决的方向向前发展了，还要想出退出的策略，退出的策略也考虑好了，就可以制定针对事情的整个方案了。各种事情，各种制度，其根本道理都是相同的。

夫仁人轻货①，不可诱以利，可使出费②；勇士轻难③，不可惧以患，可使据危④；智者达于数⑤，明于理，不可欺以不诚，可示以道理，可使立功，是三才也⑥。故愚者易蔽也，不肖者易惧也，贪者易诱也，是因事而裁之⑦。故为强者，积于弱也；为直者，积于曲也⑧；有余者，积于不足也。此其道术行也⑨。

【注释】

①轻货：轻视财物。

②费：经费，财物。

③难（nàn）：祸难，灾难。

④据危：扼守险要的地方。

⑤达：通。数：道理。

⑥三才：三种类型的人才，这里指仁人、勇士、智者。用人要据其特点用其所长。陶弘景注："使轻货者出费，则费可全；使轻难者据危，则危可安；使达数者立功，则功可成。总三才而用之，可以光耀千里，岂徒十二乘而已。"

⑦是因事而裁之：意谓根据客观实际情况来具体运用。陶弘景注："以此三术驭彼三短，可以立事立功也。谋者因事兴虑，宜知而裁之。故曰因事裁之。"

⑧为直者，积于曲也：此句用的是比喻，木工在做活的时候，要得到平直的木料，必须用锯、刨等工具削去弯曲的部分。所以说，平直的东西都是从弯曲中积累起来的。

⑨此其道术行也：意谓懂得积弱为强，积曲为直，积不足为有余的道理，就能通于道了。陶弘景注："柔弱胜于刚强，故积弱可以为强大；直若曲，故积曲

可以为直；少则可以得众，故积不足可以为有余，然则以弱为强，以曲为直，以不足为有余，斯道术之所行，故曰道术行也。"

【译文】

仁义的人看轻财物，不可以用物质利益来诱惑他，但是可使他献出财物，提供经费；勇士看轻灾难，不可以用祸难使他感到恐惧，但是可使他到危险的地方解除祸患；智者通达事理，明白道理，不可以用欺诈的手法来蒙骗他，但可以跟他讲道理，使他立功，这三种人才要各得其用。所以愚蠢的人容易受到蒙蔽，不肖的人容易使他感到害怕，贪婪的人容易受到引诱，这是根据不同的人来做决定。所以，强大是从弱小一步步积累起来的，平直是削去弯曲积累起来的，有余也是从不足积累起来的。懂得这个道理，道术就得以实行了。

故外亲而内疏者，说内；内亲而外疏者，说外①。故因其疑以变之，因其见以然之，因其说以要之，因其势以成之，因其恶以权之，因其患以斥之②。摩而恐之，高而动之，微而正之③，符而应之④，拥而塞之⑤，乱而惑之，是谓计谋⑥。

【注释】

① "故外亲而内疏者" 四句：按，此言游说要有针对性，以说其弱点为方向。陶弘景注："外阳相亲而内实疏者，说内以除其内疏也；内实相亲而外阳疏

者，说外以除其外疏也。"

②"故因其疑以变之"六句：按，此言贵因之术。因者，顺也。顺其势而推之，随机应化，可得成功。陶弘景注："若内外无亲而怀疑者，则因其疑以变化之；彼或因变而有所见，则因其所见以然之。既然见彼或有可否之说，则因其说以要结之；可否既形，便有去就之势，则因其势以成就之。去就既成，或有恶患，则因其恶也为权量之，因其患也为斥除之。"要，应和。权，谋划。

③微而正之：意谓让他衰败然后自己来纠正他。微，衰败。正，纠正。

④符而应之：为他设计一个祥瑞的征兆，然后以应验来引诱。

⑤拥：壅闭。

⑥是谓计谋：按，以上说计谋之法，乃使其朝危险方向运动，而后趁其危而用之。《孙子兵法·计篇》曰："利而诱之，乱而取之，实而备之，强而避之，怒而挠之，卑而骄之，佚而劳之，亲而离之。"陶弘景注："患恶既除，或恃胜而骄者，便切摩以恐惧之，高危以感动之。虽恐动之，尚不知变者，则微有所引，据以证之，为设符验以应之也。虽为设引据符验，尚不知变者，此则惑深不可救也；便拥而塞之，乱而惑之，因抵而得之，如此者，可以为计谋之用也。"

【译文】

所以对外表亲热而内心疏远的人，要从对方的内心着手去游说；对于那些内心愿意亲近我们，但外表没有表现出来的人，要从外表着手去游说，让他表现出来。所以对方有怀疑，要顺着他的怀疑而变更策略，使他不怀疑；对方看见了，要顺着对方所看见的东西来肯定他；对方说话了，要顺着对方的观点来应和他；对方已经形成有利的态势了，要顺着对方的形势来成全他；顺着对方厌恶的东西为他谋划对付办法，顺着对方遇到的祸患设法为他排除。通过摩的手法使他感到害怕；把他不断抬高，位置高了就会不稳，这样使他处于晃动的不安之中；让他衰败然后自己来纠正他，让对方认为自己真诚可靠；为他设计一个祥瑞的征兆，然后经过操作应验了，使他相信自己；堵塞、蒙蔽他，使他处于混乱迷惑之中；使对方分不清是非，然后为我所用。这些都叫计谋。

计谋之用，公不如私，私不如结，结而无隙者也[1]。正不如奇，奇流而不止者也[2]。故说人主者，必与之言奇；说人臣者，必与之言私[3]。其身内其言外者疏，其身外其言深者危[4]。无以人之所不欲而强之于人，无以人之所不知而教之于人[5]。人之有好也，学而顺之；人之有恶也，避而讳之。故阴道而阳取之也[6]。

【注释】

① "公不如私"三句：按，此言计谋之用的三个原则，公、私、结之间的关系。陶弘景注："公者扬于王

庭，名为聚讼，莫执其咎，其事难成；私者不出门庭，慎密无失，其功可立。故曰公不如私。虽复潜谋，不如与彼要结。二人同心，物莫之间，欲求其隙，其可得乎？"公，公开。私，私下。结，系连，打结。这里借丝织物打结来比喻结实而不透露。

②奇流而不止：奇计使用的效果就像流水一样，不可阻止。谋贵在奇，奇谋往往出人意料，趁其不备而胜之。陶弘景注："正者循理守常，难以速进；奇者反经合义，因事机发。故正不如奇，奇计一行，则流通而不知止。故曰奇流而不止也。"

③"故说人主者"四句：意谓献计于人主，以奇计取胜才能引起他的关注；献计于人臣，必给其带来利益，才能引起他的兴趣，方可实施。陶弘景注："与人主言奇，则非常之功可立；与人臣言私，则保身之道可全。"

④其身内其言外者疏，其身外其言深者危：意谓身处某一圈子内，对方已经不把你当外人，但你所说集中在圈子之外的事，那么你就会因失去信任而被疏远；身处圈子之外，但擅自说人家圈子之内的事，那么你就会有危险。陶弘景注："身在内而言外泄者，必见疏也；身居外而言深切者，必见危也。"

⑤无以人之所不欲而强之于人，无以人之所不知而教之于人：意谓不能以对方所不欲之事强说之，对方不知道的，不要好为人师地强要教给他。陶弘景注："谓其事虽近，彼所不欲，莫强与之，将生恨怒

也；教人当以所知，今反以人所不知者教之，犹以暗除暗，岂为益哉。”

⑥阴道而阳取：意谓在“阴”的地方使用这些方法，而在“阳”的地方得到回报。陶弘景注：“学顺人之所好，避讳人之所恶，但阴自为之，非彼所逆，彼必感悦，明言以报之。故曰阴道而阳取之也。”

【译文】

计谋时要隐秘，公开计谋不如少数人私下计谋，私下计谋不如当事双方二人缔结同心而谋，因为缔结同心可以做到亲密无间。计谋的使用，遵守常道不如使用奇计，奇计的使用就像流水一样，不可阻止。所以游说国君的，必定对他说奇计，才能引起他的关注；游说权臣的，必定说与他的私人利害关系，方可实施。你身处某一圈子内，对方已经不把你当外人，但你所说集中在圈子之外的事，那么你就会因失去信任而被疏远；你身处圈子之外，但擅自说人家圈子之内的事，那么你就会有危险。不要把对方不想要的东西强加给他，不要把对方不知道的强要教给他。人家有什么爱好，要学着顺从他；人家有什么厌恶忌讳，要学着避免和替他隐讳。因此，做任何事情都是在暗地里使用这些方法，而得到回报却是很明显的。

　　故去之者纵之，纵之者乘之①。貌者，不美又不恶，故至情托焉②。可知者，可用也；不可知者，谋者所不用也③。故曰事贵制人，而不贵见制于人④。制人者，握权也；见制于人者，制命也⑤。故圣人之道阴，愚人之道阳⑥。智者事易，而不智者事难。以此观之，亡不可以为存，而危不可以为安，然而无为而贵智矣⑦。

【注释】

①故去之者纵之，纵之者乘之：意谓欲除去某人，须先顺从他，放纵他，待其作恶到一定阶段后，就能名正言顺地除掉他。陶弘景注："将欲去之，必先听从，令极其过恶，过恶既极，便可以法乘之，故曰从之者乘之也。"

②貌者，不美又不恶，故至情托焉：意谓外表冷静，不把喜怒善恶表现在脸上的人，可寄托实情于他。陶弘景注："貌者谓察人之貌，以知其情也。谓其人中和平淡，见善不美，见恶不非，如此者，可以至情托之。故曰至情托焉。"美，赞美。恶，憎恶。

③"可知者"四句：按，此言选择计谋策划之人的原则是必须熟知此人，才可使用他。陶弘景注："谓彼情宽，密可令知者，可为用谋。故曰可知者，可用也。其人不宽，密不可令知者，谋者不为用谋也。故曰不可知者，谋者所不用也。"

④故曰事贵制人，而不贵见制于人：按，此言游说或计谋讲求掌握主动权。制，制约，控制。

⑤"制人者"四句：意谓己方要做到制人，如果被他人所制，则命运就不能自己掌控了。陶弘景注："制命者，言命为人所制也。"握权，掌握了主动权。

制命，被别人控制了命运。

⑥故圣人之道阴，愚人之道阳：意谓圣人处理事务的
　关键是做到隐秘，愚蠢的人则公开。陶弘景注："圣
　人之道，内阳而外阴；愚人之道，内阴而外阳。"

⑦"亡不可以为存"三句：意谓虽然消失的东西已不
　能使之再存，而已有之危险也不能转为安全，但在
　此过程中，顺应规律重视智慧仍十分必要。陶弘景
　注："智者宽恕，故易事；愚者猜忌，故难事。然而
　不智者，必有危亡之祸。以其难事，故贤者莫得申
　其计画，则亡者遂亡，危者遂危。欲求安存，不亦
　难乎。今欲存其亡，安其危，则他莫能为，惟智者
　可矣。故曰无为而贵智矣。"无为，顺应规律。

【译文】

　　所以如果要除掉对方，须先放纵他，待他作恶到一定
阶段后，然后再顺理成章除掉他。在外貌上，能做到不把
喜怒等感情在脸上流露出来，这样的人可以寄托实情。在
人的使用上，如果你能彻底地了解他，你才能使用他；如
果你还不能足够地了解他，计谋时不要使用他。所以说做
任何事情贵在制约别人，而不是被别人所控制。控制了别
人，自己就掌握了主动权，就能操控别人的命运；被别人
控制，自己的命运就操控在别人的手里了。所以，圣人做
事的规律讲究"阴"，愚人做事的规律可概括为"阳"。聪
明的人做事就比较容易，而愚笨的人做事就比较困难。由
此观之，虽然消失的东西已不能使之再出现，而已有的危
险也不能转危为安，但是在事情处理的过程中，顺应规律、

重视智慧仍然是十分必要的。

智用于众人之所不能知，而能用于众人之所不能见[1]。既用，见可，否择事而为之，所以自为也。见不可，择事而为之，所以为人也[2]。故先王之道阴。言有之曰："天地之化，在高与深，圣人之制道，在隐与匿。"非独忠信仁义也，中正而已矣[3]。道理达于此之义，则可与语[4]。由能得此，则可与谷远近之诱[5]。

【注释】

① 智用于众人之所不能知，而能用于众人之所不能见：意谓智慧与能力皆应用于无形，做到众人不知，因众人不能见而得成功。陶弘景注："众人所不能知，众人所不能见，智独能用之，所以贵于智也。"

② "既用"七句：此言使用智谋时，尽量做到保密，能隐则隐，不要选择公开做事来实施，此即为了自我保护；若不能隐，则索性公开自己的智谋，用之来做事，即向主子显示自己这样做，旨在利于他。陶弘景注："亦既用智，先己而后人。所见可，择事为之，将此自为；所见不可，择事而为之，将此为人，亦犹伯乐教所亲相驽骀，教所憎相千里也。"可，可以实施。因为这里是说谋略要做到隐秘，所以这里的"可"是指可以做到智谋隐秘的时机。可与不可、智与事、自为与为人，皆相对而言。

③非独忠信仁义也，中正而已矣：按，此言谋略不能
　违背中正的法则。计谋虽然贵阴，但是仍然要以忠
　信、仁义的标准来衡量。陶弘景注："言先王之道贵
　于阴，密寻古遗言，证有此理，曰：'天地之化，唯
　在高深，圣人之道，唯在隐匿。'所隐者中正，自
　然合道，非专在忠信仁义也。故曰非独忠信仁义
　也。"中正，不偏不倚。
④道理达于此之义，则可以语：陶弘景注："言谋者晓
　达道理，能于此义，达畅则可以语，至而言极也。"
　道理达于此之义，能够懂得在忠信、仁义和中正法
　则的前提下运用谋略的人。
⑤由能得此，则可与谷远近之诱：此句意谓如果懂得
　在忠信、仁义和中正法则的前提下运用谋略的人，
　就能够使远近宾服。陶弘景注："谷，养也。若能得
　此道之义，则可居大宝之位，养远近之人，诱于仁
　寿之域也。"谷，俞樾《诸子平议·补录》以为当
　作"穀"，意为"穀"，即悦近来远，让天下归服。

【译文】
　　智慧要用在众人目前无法察知的地方，才能也要用在
众人看不见的地方。智慧和才能的使用贵在隐秘，如果在
使用过程中，能够做到隐秘，那么就不要选择应该公开做
的事来实施，这是为了实现自己的目的。如果在使用过程
中，智慧、才能不能够做到隐秘，那么索性公开自己的谋
略主张，用之来做事，向对方显示自己这样做，目的是为
了对方。所以，先王处世的法则是讲究"阴"。俗话说："天

地的造化在于高深莫测，圣人治世的法则在于隐藏不露。"
运用智慧、才能虽然讲究隐秘，但是不能失去忠信、仁义
和中正的法则。能够懂得在忠信、仁义和中正法则的前提
下运用谋略的人，才能和他谈计谋。能够懂得这些道理的，
就能够悦近来远，让天下归服。

决篇第十一

决，决断。俗话说"多谋善断"，就是面对复杂的局面，要善于想出计谋，并对疑惑做出决断，使疑惑得到解决。"多谋"，即上文《谋篇》所论；本篇即论如何决断，也就是"善断"。本篇主旨是说如何决断，是关于决断的专论。《太平御览》未见引，题注亦佚失，内容上有残缺。

从现存的文字来看，本篇论述了决断的起因、目的、方法等方面，文字虽然少，但内容却十分丰富。

本篇从决策的定义论起。所谓决策，即受别人委托来决疑断难，帮助他出主意去解决他面临的问题。所谓"决物，必托于疑者"，他人委托于你，乃因为对方想通过你的决策来避开祸患，取得利益。因此，有疑难是决策的起因，而决策的目的是通过决策达到自己的利益。如果决策没有做到趋利避害，则决策即为失败。因此，"趋利避害"为决策者行动之原则。战国时期，策士游说诸侯，一方面是帮助诸侯国君解决他所面临的国际、国内的问题，让国君趋利避害，另一方面也是因为策士从此受到国君的任用器重，而实现自我的人生价值、政治抱负与远大理想。对策士个人而言，这也是趋利避害。所以趋利避害乃一切决断的总原则。

既然决断如此重要，那么如何进行决断就显得至关重要了，这就是决断的方法问题。文中提出五种方法：即阳德、阴贼、信诚、蔽匿、平素。这五种方法实际上是解决问题的五种方式。有些问题，真理在我，正义归我，如此可用光明正大的方式去解决它，这便是"阳德"方式；有些问题，真假难辨，

是非难明，不便于采用公开的方式，只能采用阴谋的手段，运用某些权术暗中加以解决，此便是"阴贼"方式。有些问题，单靠自身的力量难以解决，需联合他人，以结盟的方式去解决，如此便需要讲信用、以诚信去缔结同盟关系，此即"信诚"方式。有些问题，真相不能完全示于对方，或者对方乃不讲诚信之人，为了达到决断成功的目的，则不能以诚信待之，而需将实情隐瞒，此即"蔽匿"方式。但是大量的问题，则可以平常的一般化的手段去决断，此即"平素"方式。五种方式，互相补充，互相为用，共同来解决问题。在具体决策时，将所要决策的问题与历史上同类事情相比较，看其中有否可参考的地方；同时从此问题所处的现实环境出发，对其发展前景做出预测，这样才能做出准确判断，给出决断。总之，采用何种决策方式，完全取决于当时实际情况，灵活使用之。

策士的决断对象往往是一国之君或实际掌权者，本篇论述了可以为王公大人决策的几种情况。其一，王公大人处于危险之中，且事情成功之后能够获得好的名声，可以给他作出决断；其二，不用费多少力，事情就能办成功的，可以给他作出决断；其三，虽然此事做起来需要付出艰苦努力，但迫不得已而不得不做，也可以给他作出决断；其四，能够为对方去除祸患的，可以给他作出决断；其五，能够替对方招来福祉的，可以给他作出决断。

总而言之，决断是处理事情获得成功的基础。只有作出正确的决策，才能治国安民，取得战争胜利，也才能为自己谋得实际利益。所以，古代的帝王对此十分慎重，往往借助蓍草与龟甲来帮助自己判断，可见正确决断之重要。

凡决物，必托于疑者，善其用福，恶其有患①。善至于诱也，终无惑偏②。有利焉，去其利则不受也，奇之所托③。若有利于善者，隐托于恶，则不受矣，致疏远④。故其有使失利者，有使离害者，此事之失⑤。

【注释】

① "凡决物"四句：按，此句交代决断的起因。陶弘景注："有疑然后决，故曰必托于疑者。凡人之情，用福则善，有患则恶。福患之理未明，疑之所由生。故曰善其用福，恶其有患。"决物，决断事情。

② 善至于诱也，终无惑偏：俞樾对句意解释很有启发性，他说："此言天下祸福之来，皆先有以诱之，能终不为其惑，乃可以言决矣。"决，一定要解决疑惑，不然不能算决断。陶弘景注："然善于决疑者，必诱得其情，乃能断其可否也。怀疑曰惑，不正曰偏，决者能无惑偏，行者乃有通济，然后福利生焉。"诱，诱导。惑，疑惑。偏，偏颇。

③ "有利焉"三句：意谓决断之原则必须给己方或对方带来利益，决断不能带来利益，对方就不能接受它。而每次决断都要带来利益，就必须寄托于决断上的变幻莫测，做到出人意外。陶弘景注："若乃去其福利，则疑者不更其决，更使托意于奇也。趋异变常曰奇。"奇，与"正"相对，出人意外，变幻莫测。

④ "若有利于善者"四句：按，此言决断要完满，不能留有漏洞。若所做决断，从总的方面来看有利于对方，但其中亦蕴藏着不利一面，则此决断就不会被人所接受，反而导致关系疏远。陶弘景注："谓疑者本其利，善而决者隐其利；善之情反托之于恶，则不受其决，更致疏远矣。"

⑤ "故其有使失利者"三句：按，此言决断的原则，即趋利避害，若不能得利，或因决断而带来损害，则决断即为失败。陶弘景注："言上之二者，或去利托于恶，疑者既不更其决，则所行罔能通济，故有失利，罹害之败焉。凡此，皆决事之失也。"离，同"罹（lí）"，遭受。此事之失，这是决断事情中的失误。

【译文】

凡作决断，必定是因为犹豫不决，善于决断就会得到福报，不善于决断就会招来祸患。善于决断，一定先诱得实情，然后再做决断就不会有迷惑或偏失。决断要带来利益，决断不能带来利益，人们就不会接受它，而每次决断都要带来利益，就必须寄托于决断的变幻莫测，做到出人意外。如果所做决断从总的方面来看是有利的，但其中蕴藏着不利的一面，那么这个决断就不会被人们所接受，反而导致关系疏远。如果决断招来失利，或者遭受灾害，这是决断中的失误。

圣人所以能成其事者，有五：有以阳德之者，有以阴贼之者，有以信诚之者，有以蔽匿之者，有以平素之者①。阳励于一言，阴励于二言，平素、枢机以用。四者，微而施之②。于是度之往事，验之来事，参之平素，可则决之③。王公大人之事也，危而美名者，可则决之④；不用费力而易成者，可则决之⑤；用力犯勤苦，然不得已而为之者，可则决之⑥；去患者，可则决之；从福者，可则决之⑦。

【注释】

① "有以阳德之者"五句：按，此为讨论决策的五种方式。阳德，就是有意公开地施加恩德，让对方感激；阴贼，就是暗中计谋，伤害对方；信诚，就是待之以诚信，使对方信赖；蔽匿，就是不以诚信待之，而欺瞒蒙蔽对方；平素，就是按照正常的方式来对待对方。陶弘景注："圣人善变通，穷物理，凡所决事，期于必成。事成理著者，以阳德决之；情隐言伪者，以阴贼决之；道诚志直者，以信诚决之；奸小祸微者，以蔽匿决之；循常守故者，以平素决之。"

② "阳励于一言"五句：按，此紧接上文提出的解决问题的五种方式来讨论它们的特征及相应的用法。阳德，即公开处理问题，故其表里如一，言行一致，所以说"励于一言"；阴贼，须施展阴谋权术，言行不一，表里不同，所以说"励于二言"。如能把平常使用的决策手段，与特殊情况下使用的阳德、阴贼、信诚、蔽匿四种手段综合使用于无形之中，

那么决断即能成功。陶弘景注："励，勉也。阳为君道，故所言必励于一。一，无为也。阴为臣道，故所言必励于二。二，有为也。君道无为，故以平素为主；臣道有为，故以枢机为用。言一也、二也、平素也、枢机也，四者其所施为，必精微而契妙，然后事行而理不壅矣。"励，勉力。这里意谓追求。一言，前后一致的话。二言，前后不一，真假难辨的话。枢机，关键。

③"于是度之往事"四句：意谓决策前，需将决策对象放到历史背景中，从过去的同类经验、结合当前的形势，并对未来的趋势加以判断，在此基础上作出决断。陶弘景注："君臣既有定分，然后度往验来，参以平素，计其是非，于理既可，则为决之。"

④"王公大人之事也"三句：按，以下言给王公大人作决断的四种情况：王公大人处于危险之中，且事情做成之后能够获得好名声的，即可为其决断。陶弘景注："危，由高也。事高而名美者，则为决之。"

⑤不用费力而易成者，可则决之：意谓不用费力即能取得成功，可以为他决断。陶弘景注："所谓惠而不费，故为决之。"

⑥"用力犯勤苦"三句：意谓虽然此事做起来费力需要付出艰苦努力，但迫不得已而不得不做，也可以给他作决断。陶弘景注："所谓知之，无可奈何，安之若命，故为决之。"

⑦"去患者"四句：意谓能够为对方去除祸患的，可

以给他决断。能够替对方招来福祉的，可以给他作决断。陶弘景注："去患、从福之人，理之大顺，故为决之。"去患，除去祸患。从福，招致福佑。

【译文】

圣人之所以能办成事的原因和方法有五种：一是"阳德"，二是"阴贼"，三是"信诚"，四是"蔽匿"，五是"平素"。以上五种分为"阴"和"阳"两类：使用"阳"一类的方法时，要讲究言辞如一，前后一致；使用"阴"一类的方法时，要说真假难辨的话。"阳"的一类手法和"阴"的一类手法，加上"平常"使用的手法和"关键"时刻使用的手法，这四者要在不知不觉中使用。能做到上述要求，再用过去的事作参考，以未来的事作验证，再参考平常发生的事，就可以决断了。给王公大人做事，有以下五种情况可以帮其决断：王公大人处在危险之中，而且事情做成之后能够获得好名声的，可以给他决断；不用费多少力事情就能办成功的，可以给他决断；虽然此事做起来费力需要付出艰苦努力，但迫不得已而不得不做，也可以给他决断；能够为对方去除祸患的，可以给他决断；能够替对方招来福祉的，可以给他决断。

故夫决情定疑，万事之基。以正乱治①，决成败②，难为者③。故先王乃用蓍龟者，以自决也④。

【注释】

①正乱治：纠正乱世达到治理的目的。

②决成败：决定成功或失败。

③难为者：意谓作决断是很难的。陶弘景注："治乱以
之正，成败以之决。失之毫厘，差之千里，枢机之
发，荣辱之主，故曰难为。"

④故先王乃用蓍（shì）龟者，以自决也：因为决策的
重要，所以古代的先王在作出决断时不敢擅自做主，
往往须借助蓍草或龟甲来帮助作出决断。陶弘景注：
"夫以先王之圣智，无所不通，犹用蓍龟以自决，况
自斯以下而可以专己自信，不博谋于通识者哉？"
蓍，蓍草，多年生草本植物，古人用其茎占卜。

【译文】

所以善于决情定疑，是处理一切事情的基础。决断关
系到纠正国家的治乱，决定国家的成败，因此下决断是很
难做的事情。所以古代的先王才借助于蓍草和龟甲来帮助
自己作出裁决。

符言第十二

符，即符节。古代用竹木或金属制作，上书文字，一剖为二，朝廷与受命者各执其一，对证时相合，称"符验"。这里指内符，即国君的外在表情或表现与其内心相符。言，即格言。符言即一种格言，主要是让国君避免被他人看透内心世界的真实想法。国君应当执守于内心，这样就可防止被他人从外表看出内心世界。本篇主旨就是说国君如何执守内心。陶弘景注曰："发言必验，有若符契，故曰符言。"杨慎曰："符言者，揣摩之所归也，捭阖之所守也，千圣之所宗也，如符然，故言曰符言。"尹桐阳曰："符言，犹《管子》所谓内言人主所当执守者，其文与《管子·九守》篇略同。"本篇实际上是一篇关于君主角色的专论，全篇由九个部分所组成，分别为：主位、主明、主德、主赏、主问、主因、主周、主恭、主名。这九个方面都是对君主的要求。

身居君主之位的人，有一项基本的要求，即安徐正静。君主遇事要冷静，做到喜怒不形于色，让臣子尤其是外来的策士在外表上看不透君主内心的真实想法，使之望而生畏。君主不但要有如此表情，还要做到心中有数，对待一些贪得无厌的臣子，要先放纵他，让他错误犯得足够多了再去惩罚他，让自己的角色始终代表着正义的一方，以此收服民心。此为主位术。

君主统领天下，需要有统筹全局的心思和眼光。既要在处理国事时，对全局有足够的了解，明知天下之事；又要时刻提防着不能被臣子蒙蔽。君主由于位居深宫，就需要借助别人的力量，调动天下人的积极性，让他们替自己去观察、去倾听、

去思考，让各方面的信息汇集起来，自己对国家的全局就有明白了解，臣子也就不敢蒙蔽自己了。此为主明术。

君主治理天下，驾驭全局，必须自身德行深厚，以德感化民众。君主有德，须有海纳百川的胸怀，须有纳谏倾听各种不同意见的胸襟。君主有德则无所不能，臣子受德行感化，则尽心竭力治国理政。百姓受教化而天下得治。此为主德术。

君主治理天下，必依法而治，这就需要善用赏罚。君主行封赏必讲信用，许诺给予的奖赏，就一定兑现；按律处以惩罚，也一定要做到。奖善罚恶，一定要公正，奖赏必经过自己亲自的鉴别，如此才能让天下人心服口服，按自己的意志调整社会风气，治理好国家。此为主赏术。

君主治理天下需要很高的政治智慧。因而要善于学习，善于向臣子求问。问天时，把握自然规律；问地利，熟悉地理形势；问人和，掌握人心向背，把握社会规律。天下形势尽掌握在手中。此为主问术。

君主治理天下，不能事事亲为，必须用臣。君御臣，最为关键的是摆正君臣位置。君为核心，为枢纽，臣为辅助，不能让君臣关系颠倒，不能让臣专权，以架空君主。在此前提下，君主掌控着赏罚大权，以赏善罚恶来驾驭群臣，而以奖为主，奖励时，要顺从臣子的欲望，这样就能达到驾驭臣子的目的。此为主因术。

君主驾驭群臣须善于平衡各方利益，做到周密周全。群臣内部往往有派系之分，各派系之间有着内部的利益，如何平衡各派别之间的利益关系，考验着君主的智慧。如果各派利益平衡不好，有的得到多，有的得到少，各派之间就会生出矛盾，群臣就会生乱，彼此之间就不会协同为国出力，朝政内外就会生出隔阂，讯息不通，国家就会处于动荡之中。国君善于协调平衡各派利益，让群臣之间密切合作，国家就能得到很好的治理。此为主周术。

君主御臣需要君主自身具有敏锐的政治洞察力，能够及时洞察朝廷中的奸臣。历史上无数事实证明昏君即缺乏洞察奸臣的能力，对身边的奸臣，总是不能发现，反而以为是忠于自己的忠臣，并加以任用。君主只有具有洞察天下奸臣的能力，让坏人无处藏身，天下才能够得到治理，整个社会才整肃安宁，风气纯正，人民安居乐业。此为主恭术。

君主驾驭臣子要循名责实。给予臣子一定的官职，就要按其职位来对其定期进行考察。对臣子的评价也应根据其职位名分来作出评判。循名责实的目的最终是要臣子尽守本责，完成使命，君主依此给予评价与奖赏。此为主名术。

此九种权术贯穿着一个主导思想，即君如何制臣，其中突出的是君主为核心的思想，而臣为君主之工具，实际上隐含了臣为君之附属的思想。君主以术驭臣，代表了战国时期君臣关系理论探讨的一个方面。

本篇也见于《管子》，内容与《管子·九守篇》各章大致相同。部分篇章也见于《邓析子》、《六韬》，可见本篇在战国时期是广泛流传的。

安徐正静，其被节无不肉①。善与而不静②，虚心平意以待倾损③。右主位④。

【注释】

①安徐正静，其被节无不肉：意谓君主必须保持平徐冷静，就像骨节必须有肉加于其上才能活动一样，冷静是君主所必需的素质。陶弘景注："被，及也；肉，肥也，谓饶裕也。言人若居位能安徐正静，则所及之节度无不饶裕也。"陶弘景的意思是说，骨节上有肉，活动起来比较灵活，比喻君主处理事情空间比较大、灵活性也大。被节无不肉，意谓骨节之上无不有肉加于其上。被，施及，加于……之上。

②善与而不静：善于给予或放纵对方，使之不能安静。鬼谷子总是从辩证的双方来看问题，君静，臣与民则不静，这样才能驾驭对方。

③虚心平意以待倾损：此句意谓君主不争而能静待臣下之毁。陶弘景注："言人君善与事接而不安静者，但虚心平意以待之，倾损之期必至矣。"倾损，倾倒与损害。

④右主位：上面所讲的主要针对在位者需注意的事项。陶弘景注："主于位者，安徐正静而已。"

【译文】

在位者须安稳平徐公正沉静，就像骨节必须有肉附着于其上一样，才能活动，发挥作用。在位者要善于给予或放纵对方，使之不能安静，自己则平心静意坐观其变，以待其倾覆毁损。以上是讲在君主的位置上应该如何去做。

目贵明，耳贵聪，心贵智①。以天下之目视者，则无不见；以天下之耳听者，则无不闻；以天下之心思虑者，则无不知②。辐凑并进，则明不可塞③。右主明④。

【注释】

① "目贵明"三句：陶弘景注："目明则视无不见，耳聪则听无不闻，心智则思无不通。是三者无壅，则何措而非当也。"

② "以天下之目视者"六句：按，此言遍视、广闻、全虑。君主要做明君，必须用天下人的眼光来看天下，用天下人的耳朵来倾听意见，用天下人的智慧思考问题，才能做到明。陶弘景注："昔在帝尧，聪明文思光宅天下，盖用此道也。"

③ 辐凑（fúcòu）并进，则明不可塞：意谓做到了遍视、广闻、全虑，就像车轮之辐集中于车轴一样，那么君主的英明就会不可阻挡。陶弘景注："夫圣人不自用其聪明思虑而任之天下，故明者为之视，聪者为之听，智者为之谋。若云从龙，风从虎，沛然而莫之御。辐凑并进，则亦宜乎。若日月之照临，其可塞哉？故曰明不可塞也。"辐，车轮中连接轴心和轮圈的直木条。凑，通"辏"，车轮之辐集中于轴心。

④右主明：上面所讲的主要针对君主如何做才能明。

陶弘景注："主于明者以天下之目视也。"

【译文】

眼睛贵在清晰明亮，耳朵贵在灵敏机警，心灵贵在富有智慧。如果用天下人的眼睛来观察，就没有什么东西是看不到的；如果用天下人的耳朵来倾听，就没有什么东西是听不到的；如果用天下人的智慧来思维，就没有什么东西是不被认知的。做到了遍视、广闻、全虑，就像车轮之辐集中于车轴一样，那么君主的英明就会不可阻挡。以上是讲君主如何做才能英明。

德之术曰①：勿坚而拒之。许之则防守，拒之则闭塞②。高山仰之可极③，深渊度之可测。神明之位德术正静④，其莫之极⑤。右主德⑥。

【注释】

①德之术：推崇德的方法。古人倡导有德者有天下。此处意谓如何做才能做到有德。"德"字《管子·九守篇》作"听"。因"听"的繁体字作"聽"，与"德"字形近，所以有人认为此处是"听之术"。我们认为应该是"德"，因为上文"主明"一节已经讲过如何"听"了，这里不应重复。另外，此句陶弘景注说："崇德之术，在于恢宏博纳，山不让尘，故能成其高；海不辞流，故能成其深；圣人不拒众，故能成其大。"从其所说的意思来看也是说"德"。

②许之则防守，拒之则闭塞：陶弘景注："言许而容之，众必归而防守；拒而逆之，众必违而闭塞。归而防守，则危可安，违而闭塞，则通更壅。夫崇德者，安可以不宏纳哉。"许之则防守，意即山不让尘，故能成其高；海不辞流，故能成其深；圣人不拒众，故能成其大。接纳一个人，就使他成为我方阵营的一分子，能够壮大我方的力量，增强抵御外敌的力量，也就是防守的力量。拒之则闭塞，意即拒绝愿意归附我们的人，那么就像灰尘不落山顶，水滴不落深渊一样，阻断了我方的一支力量。闭塞，阻绝，隔断。

③极：至，到达。

④神明之位：指德的地位像神明一样，意谓高度重视积德。德术正静：意即积德之术讲究心态平正平静。

⑤莫之极：没有能与之相比的。陶弘景注："高莫过山，犹可极；深莫过渊，犹可测。若乃神明之位德术正静，迎之不见其前，随之不见其后，其可测量哉。"

⑥右主德：上面所讲的主要针对君主如何积德。陶弘景注："主于德者，在于含弘而勿距也。"

【译文】

崇尚德行的方法就是：不要拒绝愿意归附我们的任何人。当诚心接纳他人的时候，那么自己的团体就会多一个成员，这样就巩固了自己的防守阵营；如果拒绝接受他人，减弱了自己的实力，同时也阻绝了其他人继续加入我们的路径。山再高，只要我们朝上一步一步地攀登，总是能到达山顶；水再深，只要我们坚持测量，总能够测量出它的深度。德的地位像神明一样神圣，崇德之术也要求心态平正平静，做到了这些，就没有什么能够比得上的。以上是推崇德行的方法。

用赏贵信，用刑贵正①。赏赐贵信，必验耳目之所闻见，其所不闻见者，莫不暗化矣②。诚畅于天下神明，而况奸者干君③。右主赏④。

【注释】

①用赏贵信，用刑贵正：按，此言君主如何进行赏罚。奖赏贵在守信，君主答应的赏赐一定要兑现。用刑处罚一定要公正。陶弘景注："赏信，则立功之士致命捐生；刑正，则更戮之人没齿无怨。"信，信用。正，公正。

②"赏赐贵信"四句：按，此句强调赏所当赏。陶弘景注："言施恩行赏，耳目所闻见，则能验察不谬，动必当功，如此，则信在言前，虽不闻见者，莫不暗化也。"暗化，暗自转化。

③诚畅于天下神明，而况奸者干君：此句意谓诚信畅行天下，则以奸邪手段冒犯君主求得奖赏即不可能。陶弘景注："言每赏必信，则至诚畅于天下，神明保之如赤子，天禄不倾如泰山，又况不逞之徒，而欲奋其奸谋，干于君位者哉。此犹腐肉之齿，利剑锋接，必无事矣。"诚畅，诚信畅行。干君，冒

犯君主。

④右主赏：上面所讲的主要针对君主如何行赏。陶弘景注："主于赏者，贵于信也。"

【译文】

使用赏赐贵守信诺，使用刑罚贵能公正。赏赐贵守信，一定要以自己亲眼所见亲耳所闻为依据，这样做，那些自己没有亲见亲闻的事，也因欲取信于君而暗自转化。每赏必信，则诚信畅行于天下，达到神明境地，那些想以奸邪的手段求得奖赏的人也会被感化。以上所说的是如何进行赏罚。

一曰天之，二曰地之，三曰人之①。四方上下，左右前后，荧惑之处安在②。右主问③。

【注释】

①"一曰天之"三句：天，天时。地，地利。人，人和。陶弘景注："天有逆顺之纪，地有孤虚之位，人有通塞之分。有天下者，宜皆知之。"陶说，天、地、人皆有阴阳之分，天有顺时也有逆时，地形有孤势也有虚势，人有智慧也有不肖。所问当全顾及，意亦近是。

②"四方上下"三句：按，此言所问全面，则无疑惑。陶弘景注："夫四方上下，左右前后，有阴阳向背之宜。有国从事者，不可不知。又荧惑，天之法星，所居灾眚吉凶尤著。故曰虽有明天子，必察荧惑之

所在，故亦须知之。"荧惑，迷惑。陶注以为指荧惑星，即火星，示人间灾眚，可参。

③右主问：上面所讲的主要针对君主如何问而得情。陶弘景注："主于问者，须辨三才之道。"

【译文】

君主要善问天时、地利、人和。天地上下，东南西北四方，左右前后都问遍，哪里还有被人迷惑的地方？以上是说要善问。

心为九窍之治，君为五官之长①。为善者，君与之赏；为非者，君与之罚②。君因其所以求，因与之，则不劳③。圣人用之，故能赏之。因之循理，固能久长④。右主因⑤。

【注释】

①心为九窍之治，君为五官之长：按，此以心控制九窍来喻君主控制百官。陶弘景注："九窍运，为心之所使；五官动作，君之所命。"心为九窍之治，古人以为，人的思维器官是心，九窍皆受心控制。九窍，双耳、双目、双鼻，口，尿道，肛门，共九数。五官，五种官职，殷商时期是指司徒、司马、司空、司士、司寇，西周时期是指司徒、宗伯、司马、司寇、司空。这里泛指百官。

②"为善者"四句：意谓臣为善事，则君给予赏赐；臣为非作歹，君则处罚。此言君以赏罚驾驭臣下。

陶弘景注："赏善罚非，为政之大经也。"

③"君因其所以求"三句：意谓君主顺臣下欲望施行赏罚，则无需劳苦，天下得治。陶弘景注："与者，应彼所求；求者，得应而悦。应求则取施不妄，得应则行之无怠，循性而动，何劳之有。"

④因之循理，固能久长：因之循理，意谓顺着赏罚的原则来行事。陶弘景注："因求而与，悦莫大焉，虽无玉帛劝同赏矣。然因逆理，祸莫速焉。因之循理，故能长久。"尹桐阳曰："《论语》曰：'因民之所利而利之。'《太史公自序》：'因者，君之纲也。'皆此所谓主因者。"

⑤右主因：上面所讲的主要是君主如何为政，处理国事。陶弘景注："主于因者，贵于循理。"

【译文】

心是九窍的主宰，君主是各级官员的主宰。官员中，做了善事的，君主就应该给予赏赐；做了坏事的，君主就应该给予惩罚。君主顺应官员们各自的欲望而施与赏罚，那么就不会辛劳了。圣人这样来使用赏罚，所以能赏罚各得其所。国君如果能遵循这个道理来治国，那么就能够使国祚长久。以上所说的主要是在说明因顺而行的重要。

人主不可不周，人主不周，则群臣生乱①。家于其无常也，内外不通，安知所开②。开闭不善，不见原也③。右主周④。

【注释】

① "人主不可不周"三句：按，此言君主对待群臣，贵于周到，要善于平衡各方利益。周，周全，周到。陶弘景注："周谓遍知物理，于理不周，故群臣乱也。"陶注指"理"，指事理。可参。

② "家于其无常也"三句：意谓群臣处于混乱无常的状态之中，内外信息就不会畅通，君主怎么能够知道处理国事协调君臣的出口在哪呢？陶弘景注："家犹业也。群臣既乱，故所业者无常，而内外闭塞；触途多碍，何如知所开乎。"家于其无常，意即处于无常。家，居。其，指代群臣。

③ 开闭不善，不见原也：陶弘景注："开闭即捭阖也，既不用捭阖之理，故不见为善之源也。"原，本原。

④ 右主周：上面所讲的主要是君主处理关系要周到。陶弘景注："主于周者，在于遍知物理。"

【译文】

君主考虑事情不能不周到，要善于平衡各方利益；君主一旦做得不周到，那么群臣之间有人就会因照顾不到而生出祸乱。群臣处于无常状态，内外信息就不会畅通，君主怎么能够知道问题出在哪呢？如果君主不能成功解开与群臣之间的误会，并能成功找到解决问题的方法，就不能发现问题产生的根源。以上主要是在说明周到的重要。

　　一曰长目，二曰飞耳，三曰树明①。明知千里之外，隐微之中，是谓洞天下奸，莫不暗变更②。

右主恭③。

【注释】

①"一曰长目"三句：意谓君主要善于搜集各方面的信息。陶弘景注："用天下之目视，故曰长目；用天下之耳听，故曰飞耳。用天下之心虑，故曰树明。"树明，建立搜集情报信息的联络点，让自己始终处于对各种情况的明确了解之中。

②"明知千里之外"四句：意谓君主要对全面的情况了如指掌，这样就有了威严的资本，天下奸邪之徒，就没有不暗自改正的。陶弘景注："言用天下之心虑，则无不知。故千里之外，隐微之中，莫不玄览。既察隐微，故为奸之徒，绝邪于心胸。故曰莫不暗变更改也。"

③右主恭：上面所讲的主要是君主如何做到恭。恭是对君主外在表情的要求。恭，肃静。《说文》："恭，肃也。"《礼记·曲礼上》："是以君子恭敬撙节。"孔颖达疏引何胤："在貌为恭，在心为敬。"所以这里的"恭"就是君主在外在表情上给人严肃、威严的感觉。做君主的不能嘻嘻哈哈，要表情严肃，不苟言笑，让臣民一见而感威严，不敢造次冒犯。陶弘景注："主于恭者，在于聪明文思。"

【译文】

一要使眼睛看得更远，二要使耳朵听得更远，三要建立搜集信息情报的联络点，让自己始终处于对各种情报信息的明确了解之中。要明白知道千里之外的情况，了解隐蔽微小的事情，这就叫做能够洞察天下，这样所有的奸邪之徒没有不敢不更改的。以上所说的是君主在表情上做到恭。

循名而为，实安而完①。名实相生，反相为情②。故曰：名当则生于实，实生于理，理生于名实之德，德生于和，和生于当③。右主名④。

【注释】

①实安而完：按实定名。陶弘景注："实既副名，所以安全。"

②反相为情：名为实的本性，实也名的本性，互相为对方的本性。情，这里指事物的本性。陶弘景注："循名而为实，因实而生名。名实不亏则情在其中矣。"

③"名当则生于实"五句：按，此处言名、实、理和之间的关系。陶弘景注："名当自生于实，实立自生于理。又曰：无理不当，则名实之德自生也。又曰：有德必和，能和当当。"德，相得。

④右主名：上面所讲的是君主要懂得循名责实。陶弘景注："主于名者，在于称实。"

【译文】

循名而求实，按实而定名，使名实相符合。名与实是相互依存的，互相为对方的本性。所以说，适当的名是由于其符合实；事物的实是由事物的理决定的，而理也是生于名实的德，名实之德产生于名与实间的相互符合，两者相符合，那么取名就得当。以上是说名实相符的重要。

转丸第十三、胠乱第十四

　　《转丸》、《胠乱》两篇已经亡佚。刘勰《文心雕龙》曾说："《转丸》骋其巧辞，《飞箝》伏其精术。"可见在南朝齐梁时期《转丸》篇尚未遗失。到了唐代，赵蕤《长短经·反经篇》引《鬼谷子》有一段话，这段话也是《庄子·胠箧》篇的内容，可见到了盛唐时期，《胠乱》篇已经亡佚，有人误把《胠箧》篇当成了《胠乱》。所以，总体来看，《转丸》、《胠乱》的亡佚时间，大概在隋至唐初。

　　值得注意的是这两篇篇目下的佚《注》，横秋阁刻本《鬼谷子》、高金体《鬼谷子评点》和《四库全书》收录《鬼谷子》等署名为"陶弘景注"，清秦恩复认为是"尹知章注"。秦恩复的观点遭到孙诒让的批驳。我们认为，在没有明确的证据情况下，以"佚注"形式较为恰当。这里录佚《注》和秦恩复的观点，以供参考。

　　佚《注》曰：或有庄周《胠箧》而充次第者。按，鬼谷之书，崇尚计谋，祖述圣智，而庄周《胠箧》乃以圣人为大盗之资，圣法为桀、跖之失。乱天下者，圣人之由也。盖欲纵圣弃智，驱一代于混茫之中，殊非此书之意，盖无取焉。或曰《转丸》、《胠箧》者，《本经》、《中经》是也。

　　秦恩复曰：唐赵蕤《长短经·反经篇》引《鬼谷子》曰："将为胠箧探囊发匮之盗，为之守备，则必摄缄縢，固扃鐍，此代俗之所谓智也。然而巨盗至，则负匮、揭箧，担囊而趋，唯恐缄縢扃鐍之不固也。然则向之所谓智者，有不为盗积者乎？其所谓圣者，有不为大盗守者乎？何以知其然耶？昔者齐国邻

邑相望，鸡狗之音相闻，网罟之所布，耒耨之所刺，方二千余里，阖四境之内，所以立宗庙社稷、治邑屋州闾乡里者，曷常不法圣人哉？然而田成子一朝杀齐君而盗其国，所盗者岂独其国耶？并与圣智之法而盗之。故田成子有乎盗贼之名，而身处尧舜之安，小国不敢非，大国不敢诛，十二代而有齐国。则是不乃窃齐国并与其圣智之法，以守其盗贼之身乎？跖之徒问于跖曰：'盗亦有道乎？'跖曰：'何适而无有道耶？夫妄意室中之藏，圣也；入先，勇也；出后，义也；知可否，智也；分均，仁也。五者不备而能成大盗者，天下未之有也。'由是观之，善人不得圣人之道不立，盗跖不得圣人之道不行。天下之善人少，而不善人多。则圣人之利天下也少，而害天下也多矣。"其文与《庄子》小异，即注所云，或有取庄周《胠箧》而充次第者也。窃疑《鬼谷》篇目既经陶弘景删定，不应唐世尚有此篇。赵蕤生于开元，与尹知章同时，可为是尹非陶之证。录之以俟博考。

本经阴符七术

本，即根本。这里指人的内心。本篇所论为人如何修炼内在精神，主张以修炼内在精神为本，故曰《本经》。以内在精神的修炼来支配外在的肢体行为，曰阴符。陶弘景注："阴符者，私志于内，物应于外，若合符契，故曰阴符。由本以经末，故曰本经。"尹桐阳曰："经，常也，法也。本书有《中经》，此故云《本经》耳。《秦策》：'得《太公阴符》之谋，伏而诵之。'《史记·苏秦传》索隐云：'《阴符》是太公兵法，谓阴谋之在其列。'"

本篇言策士如何养炼自己内在的神气、意志、智识，以调动自身因素，运用自身力量去解决外部问题。全篇由七节文字组成，每一节文字论述一个问题，具有相对的独立性。但七节之间又存在着内部逻辑联系，形成一个整体。

盛神法五龙。盛神即蓄养神气。在人体之中，五脏之气主宰着人的精神活动，其中神气最为重要。神气居于心中，主宰人的思维。神气旺盛，反应就灵敏，处事就迅速，而容易成功。人如何才能达到神气旺盛呢？本篇从宇宙生成的问题上来论述。《鬼谷子》认为，在宇宙生成环节中，道乃是根本，一即万物开端，人为万物之主，故人之生成亦道之化育的结果。人务使己之神气与大道元气化而为一，成为体道的真人，神气才能居于心中，使人精神旺盛，才能够应付外界瞬息万变的形势。

养志法灵龟。神气旺盛还需控制欲望，即养志。志者，心之所之也，亦即人之欲望。人的欲望越多，心里所要思考的对

象就越多，既想实现此目标，又想达到彼目的，心思摇摆不定，思虑不能专一。由于神气居于心中，心动必然导致神气不得安稳。神气不稳，则精神散乱，盛神则不可实现。故盛神必须节欲。由此可见，养志之说乃盛神之延伸。

实意法螣蛇。此句之"意"具有特定含义，即心之思维活动。本篇所论即如何提高思维能力。盛神、养志目的皆在于提高人思维能力，以应对外界复杂的局势。然则如何提高人的思虑能力呢？本篇认为"心欲安静，虑欲深远"，人之思虑是否深远，取决于静心程度。正因为如此，计谋成败亦是由心是否安静以及静心之程度所决定。故计谋时，心态一定要保持平和，做到内视、反听、定志，则计谋可成。

分威法伏熊。分威即分散对手之内在威势。自己先静固志意，使神气归居于位，则威势自盛。威势盛，则无可阻挡，无可阻挡即可分他人之威。如此，如己有倡导，他人必来应和，如己有行动，他人必来跟随。然己亦须保持清醒头脑，须仔细审查对方意图，掌握对方漏洞，加以利用。一方面不让自己威势受到削弱；另一方面，不让对方把威势建立起来。同时也要注意弥补自身缺陷，不让别人有可乘之机而分散己方的威势。

散势法鸷鸟。散势，即分散对方的外在威势。散对方之势，务必"循间而动"，"推间而行之"，即寻找对方漏洞，利用漏洞，使其瓦解。散势须自身在内蓄积威势，然后待机而发，对方之势必然崩散。

转圆法猛兽。转圆言计谋像圆形器物不停转动一样源源不断产生出来。计谋，对于策士来说无比重要。因为他们既没有国君那样富有一国的经济、军事实力，也没有权臣所凭依之政治权力，只能依靠伶俐的口才与出色的计谋在诸侯间谋生。策士在制定计谋时，要注意在"圆"与"方"之间相互转化。"圆"，即要求计策有一定的灵活性与包容性，以便随着形势的变化及时补充调整。"方"，即要求计策具有针对性，能够切实解决某一个具体问题。当然，转圆并不总是带来利益，使用不当亦可能带来灾祸。圣人因能先知存亡之所在，故使用转圆之术总能趋长避短，及时从转圆术中解脱出来，形成固定策略，给自己带来稳定的利益。

损兑法灵蓍。损兑即计谋之一种，意谓做事要减损直率多追求变化，此乃处理遇到危险征兆问题时的关键。就常理言，万事万物皆多有偶然而多变化，对待万事万物，亦不能以静止的僵化的态度来对待，而应以运动的态度对待；就现实言，战国时期各诸侯国之间内外部关系与形势十分复杂，处理这些复杂的问题，不能以单一的僵直态度来对待，而应追求方式的多种变化。就像用蓍草占卜一样，不断变化，以求得合适的结果。一说，"兑"为"说"之形近而讹，"兑"意为"说"。损兑，意思就是少说话。灵蓍不言，而变化多端，实为计谋的人所效法。亦通。

上述七节，核心在于两个方面：一曰盛神，二曰计谋。盛神乃思维敏捷办事成功之基础。盛神需养志，让神气安居于心。盛神能实意，让思维能力得到充分的发挥，产生出计谋。神盛能散发己方的威势，亦能消解对方的威势。实意产生计谋，使计谋的产生像转圆一样源源而出，要善于使不断而出的计谋切合并解决实际问题。计谋应针对当时实际情况，灵活变化，则无所不能，无所不胜。七节内容紧密联系，具有相当的理论深度，体现出《鬼谷子》独特的理论性。

《中经》篇云："《本经》纪事者纪道数，其变要在《持枢》、《中经》。"陶弘景注云："此总言《本经》、《持枢》、《中经》之义。言《本经》纪事，但纪道数而已。至于权变之要乃在《持枢》、《中经》也。"可见《本经阴符七术》与《中经》、《持枢》在内容上相关联。

盛神法五龙①

盛神中有五气，神为之长，心为之舍，德为之大，养神之所归诸道②。道者，天地之始，一其纪也③，物之所造，天之所生，包宏无形，化气，先天地而成，莫见其形，莫知其名，谓之神灵④。故道者，神明之源，一其化端。是以德养五气，心能得一，乃有其术⑤。术者，心气之道所由舍者，神乃为之使⑥。九窍十二舍者，气之门户，心之总摄也。生受于天，谓之真人。真人者与天为一⑦。

【注释】

① 盛神：使精神旺盛，养神。养神即调动体内五行之气，使神充足旺盛。法：效法。五龙：即五行之龙，这里指五行木、火、金、水、土的神气。此五龙当为喻，意即五气在体内之行如龙，盛神者须养五气。下文"盛神中有五气"即为此处的说明。陶弘景注："五龙，五行之龙也。龙则变化无穷，神则阴阳不测，故盛神之道法五龙也。"陶弘景认为取龙的变化莫测来喻养神，不是此处的本意。

② "盛神中有五气"五句：五气指心、肝、脾、肺、肾等五脏之气，表现为神、魂、魄、精、志。其中神气由心产生，是调节其他四气乃至人体的原动力。神受德控制，德为道之施于万物者，故养神最根本的途径归之于道。陶弘景注："五气，五藏之气也。谓精、神、魂、魄、志也。神居四者之中，

故为之长；心能含容，故为之舍；德能制御，故为之大。然则养神之所宜，归之于道也。"神为之长（zhǎng），指五气之中，从其外部表现看，神是主宰。长，主宰。心为之舍，指从其内在发生机理看，心是居所。舍，居所，止宿之处。大，壮大。道，道家认为是世界的本原与规律。后被战国时期诸子各家所借用并发挥。

③一其纪：谓一是它的开始。纪，基，基础。

④谓之神灵：按，以上言道生万物，一为开始。道生一，一生气，气生天地万物。道生万物的过程，不知不觉之中给万物以形体，赋予万物以名称。道的这种神奇功能，就是神灵。陶弘景注："无名，天地之始，故曰道者天地之始也。道始所生者一，故曰一其纪也。言天道混成，阴阳陶铸，万物以之造化，天地以之生成，包容宏厚，莫见其形，至于化育之气，乃先天地而成，不可以状貌诘，不可以名字寻，妙万物而为言，是以谓之神灵也。"

⑤乃有其术：按，以上言道乃是神之源，所以养神归之于道。陶弘景注："神明禀道而生，故曰道者神明之源也。化端不一，则有时不化，故曰一其化端也。循理有成，谓之德五气各能循理，则成功可致，故曰德养五气也。一者，无为而自然者也。心能无为，其术自生。故曰心能得一，乃有其术也。"

⑥"术者"三句：陶弘景注："心气合自然之道，乃能生术。术者，道之由舍，则神乃为之使。"心气之

道，把心气导引出来。道，同"导"，导引。

⑦"九窍十二舍者"六句：陶弘景注："十二舍者，谓
目见色、耳闻声、鼻臭香、口知味、身觉触、意思
事、根境互相停舍。舍有十二，故曰十二舍也。气
候由之出入，故曰气之门户也。唯心之所操舍，故
曰心之总摄也。凡此皆受之于天，不龄其素，故曰
真人。真人者，体同于天。故曰与天为一也。"九
窍，双眼、双耳、双鼻孔、口、前后阴。十二舍，
人体中气的十二处止息之所，分别为心、肝、脾、
肺、肾、胃、膀胱、大肠、小肠，胆、膻中、三焦。
总摄，总领。真人，道家称存养本性的得道之人。

【译文】

旺盛的精神中有五气，这五气之中，神是主宰，心是
居所，德能使神壮大，养神的办法是让心与大道合一。道，
是天地的开始，一是基础，万物皆由道来创造，天地皆由
道来创生，道包容广大，无影无形，化为气，在天地之先
而生成，既看不见它的形，也不知它的名，称它为"神
灵"。所以说，道是神明的本源，一是道变化的开端。因
此，以德来养五气，只有心合于大道，才能够找到方法。
这种方法就是把心之气从所能驻守的地方引导出来，神就
产生了。人体九窍和十二个中气止息之处是气出入的门户，
是心的总开关。生而禀受于天，称作真人。真人与天地万
物是合为一体的。

内修炼而知之，谓之圣人，圣人者，以类知之①。

故人与一生，出于物化②。知类在窍，有所疑惑，通于心术，心无其术，必有不通③。其通也，五气得养，务在舍神，此谓之化④。化有五气者，志也、思也、神也、德也，神其一长也⑤。静和者养气，气得其和，四者不衰，四边威势，无不为存而舍之，是谓神化⑥。归于身，谓之真人⑦。真人者，同天而合道，执一而养产万类，怀天心，施德养，无为以包志虑思意，而行威势者也。士者通达之，神盛乃能养志⑧。

【注释】

① "内修炼而知之"四句：此意谓圣人重内炼。内炼即以类知之。陶弘景注："内修练，谓假学而知者也。然圣人虽圣，犹假学而知；假学即非自然，故曰以类知之也。"以类知之，根据同类事物的品性来推理认识万事万物。这是战国时期常见的认识事物的方法，即"类知"法。《吕氏春秋·召类》有"类同相召，气同则合，声比则应。故鼓宫而宫应，鼓角而角动，以龙致雨，以形逐影"之说。

② 故人与一生，出于物化：意谓人虽然从一（道）而生，内在本性是一样的，但随着自然万物的沾染不同而显得脾性性格不同。陶弘景注："言人相与生在天地之间，得其一耳。但既出之后，随物而化，故有不同也。"物化，化于物，即随着外物的不同而发生变化。

③"知类在窍"五句：意谓人通过外在的九窍来认识同类与自然。如不能认识，那么就是心与九窍之间的气不通。陶弘景注："窍，谓孔窍也。言知事类在于九窍，然九窍之所疑，必与术相通。若乃心无其术，术必不通也。"窍，九窍。心术，心对九窍的支配是通过气来交流。

④"其通也"四句：陶弘景注："心术能通，五气自养。然养五气者，务令神来归舍，神既来舍，自然随理而化也。"务在舍神，务必让"神"气归宿在心。让神气归于心，心与九窍之间的气就能畅通。

⑤"化有五气者"三句：意谓五气之变化，就能产生或志、或思、或神、或德等四种效果，神在其中居于首位，因而养神就最为重要。陶弘景注："言能化者，在于全五气；神其一长者，言能齐一志思而君长之。"

⑥"静和者养气"六句：意谓养神须静心，静心才能气和，气和才能使神得养，神得养，则志、思、神、德皆能发散威势，威势散发便能无所不为。如能将此威势存之于内心，这就叫"神化"。陶弘景注："神既一长故能静和而养气，气既养，德必和焉。四者谓志、思、神、德也。是四者能不衰，则四边威势，无有不为常存而舍之，则神道变化，自归于身。"

⑦归于身，谓之真人：陶弘景注："神化归身，可谓真人也。"

⑧神盛乃能养志：按，以上言真人神通广大，士当修炼成真人，才能威力无穷。陶弘景注："一者，无为也。言真人养产万类，怀抱天心，施德养育，皆以无为为之。故曰执一而养产万类。至于志意思虑运行，威势莫非自然循理而动，故曰无为以包也。然通达此道，其唯善为士者乎！既能盛神，然后乃可养志也。"执一，执道，坚守无为。

【译文】

通过学习修德炼气体会出道的，就称作圣人。圣人是通过"类知"的方法来认识道的。所以人虽然与一（道）同生，内在的本性是相同的，但是却随着沾染外物的不同而发生变化。人通过九窍等外在感官来实现对同类事物的认识，如果感官不能直接感知，就需要借助心来思维，如不能感知，那么就是心与九窍之间的气不通，就会思路堵塞，无法认识事物。如果思路畅通，五气就能够得到涵养，这时要努力确保"神"气归宿于心，这就叫做"化"。五气之变化，就能产生或志、或思、或神、或德等不同效果，而神在其中居于首位。宁静平和才能养气，五气之融和合一，则志、思、神、德四者均旺盛，四者旺盛便导致威势散发，威势散发便能无所不为。如能将此威势存之于内心，这就叫"神化"。归之于肉体，便成真人。真人同于天地合于大道，坚守"一"而生产并养育万物，怀抱上天的心意，施行道德恩惠，以无为之道来指导思虑，通过这种途径来散发威势。士要能理解熟悉这一点，精神旺盛才能长养意志。

养志法灵龟①

养志者，心气之思不达也②。有所欲，志存而思之③。志者，欲之使也④。欲多则心散，心散则志衰，志衰则思不达⑤。故心气一，则欲不徨⑥；欲不徨，则志意不衰⑦；志意不衰，则思理达矣⑧。理达则和通，和通则乱气不烦于胸中⑨。故内以养志，外以知人。养志则心通矣，知人则职分明矣⑩。

【注释】

①养志法灵龟：养志就是将四散的心气像乌龟把头、四肢、尾巴缩在一起一样，所以说"养志法灵龟"。陶弘景注："志者察是非，龟能知吉凶，故曰养志法灵龟。"志，意志，志愿。心里所企盼达到的称为"志"。"志"与"欲"是相区别而又有联系的两个概念。"欲"既包括人外在器官所表现出来想要得到的东西，也就是生理上的需求，如口要吃饭等，也包括人主观情感上的需求，如欲望等；"志"是生理上的需求在心理上的反映。本篇认为只有心气集中才能养"志"。灵龟，古人认为龟有灵性，故称灵龟。龟为了自我保护，总是将头、四肢和尾巴缩在龟壳里。这里取其"集中"之意。

②养志者，心气之思不达也：此言人的思绪是由心气产生的。思不达，意谓思路不畅。养志能使思路达，思绪畅，故须养志。陶弘景注："言以心气不达，故须养志以求通也。"思，思绪，思路。

③思：思慕，想念。

④志者，欲之使：志受到欲望的驱使。

⑤"欲多则心散"三句：意谓人的欲望多，心气就不集中，志随之衰减而致思虑不畅。陶弘景注："此明纵欲者，不能养气志，故所思不达者也。"

⑥徨：心神不安。

⑦意："志"所表现出来的意图，也是"志"的心理反应。

⑧志意不衰，则思理达矣：意即志不衰减，思维通畅。陶弘景注："此明寡欲者，能养其志，故思理达矣。"思理达，思维的理路畅达。

⑨理达则和通，和通则乱气不烦于胸中：意谓心气平和而能通畅地运行，心中就不会烦闷。陶弘景注："和通则莫不调畅，故乱气自消。"和，和气。这里指心气平和运行。乱气，与和气相反，指心气被堵塞之后而乱行之气。

⑩养志则心通矣，知人则职分明矣：按，此言养志之重要。陶弘景注："心通则一身泰，职明则天下平。"职分，职责分明。

【译文】

养志，是因为五气之一的心气所产生的思绪不畅达，也就是说人的思路不畅。使思路达，思绪畅，故须养志。人一旦有了某种欲望，反馈到心里就有了志，志受到欲望的驱使。人的欲望一多，心气就不能集中，心气不能集中那么志就衰减，志衰减就会导致思路堵塞不畅。所以，心气专一，那么欲望就不会扰乱心神；欲望不会扰乱心神，那么志和其表现出来的意图就不会衰减；志意不衰，那么思维的理路就畅达了。思维的理路畅达了，那么心气就能平和通畅地运行，心气平和通畅运行，那么就不会感到心中有烦乱。所以，一个人在内心养志，就可以通过外在表现了解他人。养志能做到心气畅通，了解他人就能做到人尽其用。

将欲用之于人，必先知其养气志，知人气盛衰，而养其志气，察其所安，以知其所能①。志不养，则心气不固②；心气不固，则思虑不达；思虑不达，则志意不实；志意不实，则应对不猛③；应对不猛，则志失而心气虚；志失而心气虚，则丧其神矣④。神丧则仿佛，仿佛则参会不一⑤。养志之始，务在安己。己安则志意实坚，志意实坚则威势不分，神明常固守，乃能分之⑥。

【注释】

① "将欲用之于人"六句：按，此言将养志之术用之于人的情况。陶弘景注："将欲用之于人，谓之养志之术用人也。养志则气盛，不养则气衰。盛衰既形，则其所安所能可知矣。然则善于养者，其唯寡欲乎。"养其志气，通过养志气之法替对方培养气和志。所安，对方心思所在的地方。所能，对方能干的事情，即能力、才干。

② 固：安定。

③应对：对事情的反应和给出对策。猛：急骤。这里指反应迅捷灵敏。

④"应对不猛"四句：意谓人外在的对答如果不准确果断，就会反馈到内心，使自己心虚，心虚反过来就会导致神的丧失。陶弘景注："此明丧神始于志不养也。"

⑤神丧则仿佛，仿佛则参会不一：按，此言人丧神之后的后果。陶弘景注："仿佛，不精明之貌；参会，谓志、心、神三者之交会也。神不精明则多违错，故参会不得其一也。"仿佛，心意彷徨，精神恍惚。参会不一，指志、心、神三者不能相互沟通协调配合。

⑥"养志之始"六句：按，此言养志务必先安定自己的内心，使自己平静。静则神固守，志才能得养。陶弘景注："安者谓寡欲而心安也。威势既不分散，神明常来固守。如此则威积而势震物也。上'分'，谓散亡也，下'分'，谓我有其威，而能动彼，故曰：乃能分之也。"神明，人的精神。

【译文】

如果要运用养志之法来考察人，一定先要知道对方养气和养志的功夫，知道对方的心气是盛还是衰，反过来，通过养志气之法替对方培养气和志，来观察他的心意反应，洞察他的思路所在，来知道他的才能。志不养，那么心气就不安定；心气不安定，思虑就不畅达；思虑不畅达，那么反应在心理上就会造成志和意不充实；心理上的志和意不充实，那么在对事情的反应以及给出的对策上就不迅捷而灵敏；人的外部反应不迅捷灵敏反过来也折射到心里，造成志失和心气虚；志失和心气虚，就会导致神的丧失。神的丧失就会使人精神恍惚，意识迷糊，精神恍惚就会导致志、心、神不能相互沟通协调配合。养志的开始，务必要使自己安静下来。只有自己安静了，志和意才能充实坚定；志和意充实坚定，威势就会凝聚不散，人的精神就常常固守在体内，于是才能分散他人的威势。

实意法螣蛇①

实意者，气之虑也②。心欲安静，虑欲深远。心安静则神策生，虑深远则计谋成。神策生则志不可乱，计谋成则功不可间③。意虑定则心遂安，心遂安则所行不错，神自得矣，得则凝④。识气寄，奸邪而倚之，诈谋而惑之，言无由心矣⑤。故信心术，守真一而不化，待人意虑之交会，听之候之也⑥。

【注释】

①实意法螣（téng）蛇：这里的"意"是与"志"对应，是志所表现出来的意图。实意，实际上就是要求心气开始思虑，心气一思虑，志就表现出意图，这就像螣蛇所指符应不差，所以说"实意法螣蛇"。螣蛇，传说中一种能飞的神蛇。陶弘景注："意有委曲，蛇能屈伸，故实意者，法螣蛇也。"可参。

②实意者，气之虑也：按，此言实意乃是心气之虑所须。陶弘景注："意实则气平，气平则虑审。故曰：

实意者气之虑也。"虑，即思虑，与"气"对应，受心气主宰。

③"心欲安静"六句：按，此言心静之重要。心静则计谋生，计谋生则功可成。陶弘景注："智不可乱，故能成其计谋；功不可间，故能宁其邦国。"

④"意虑定则心遂安"四句：按，此言心静就能精神集中。陶弘景注："心安则无为而顺理，不思而玄览。故心之所行不错，神自得之。得则无不成矣。凝者，成也。"凝，精力集中。

⑤"识气寄"四句：意谓心有所惦记，就不能专心一意，奸邪就有了依托的地方，就可能被对方的诈谋所迷惑。陶弘景注："寄谓客寄。言识气非真，但客寄耳。故奸邪得而倚之，诈谋得而惑之，如此则言皆胸臆，无复由心矣。"识气寄，心里有惦记的东西。言无由心，言不由衷。

⑥"故信心术"四句：意虑之交会，"意"与"虑"之间的相互交感。根据这段文字，心气一思虑，意就产生了。"虑"是原动力，"意"是反应，所以说"意虑之交会"。陶弘景注："言心术诚明而不亏，真一守固而不化，然后待人接物，彼必输诚尽意，智者虑能，明者献策，上下同心，故能谋虑交会也。用天下之耳听，故物候可知矣。"谓意虑为谋虑，与原意不符。真一，真气。

【译文】

实意，就是充实提高心的思虑，也就是充实提高思维能力。心在思虑的时候要安静，心安静了虑才能深远。心安静，神奇的策略就产生了；思虑深远，计谋就能成熟了。神奇的策略产生了，那么志就不会乱；计谋成竹在胸了，那么成功就会完满。意虑定了，心于是就安定了，心安定了，那么行动就不会出差错了，行动不出差错，精神就会饱满，精力就会集中。心有所惦记，就不能专心一意，奸邪就有了依托的地方，就可能被对方的诈谋所迷惑，往往就会言不由衷了。要相信净心的方法，守住真气而不使之外流，安神静心，待人精力高度集中，"意"与"虑"之间产生了相互交感的"实意"状态，到了这一步就可以听任等待事物的任何变化了。

计谋者，存亡之枢机。虑不会，则听不审矣，候之不得。计谋失矣，则意无所信，虚而无实[1]。故计谋之虑，务在实意，实意必从心术始[2]。无为而求安静五脏，和通六腑[3]，精神魂魄固守不动，乃能内视、反听、定志[4]。虑之太虚[5]，待神往来[6]。以观天地开辟，知万物所造化，见阴阳之终始，原人事之政理[7]，不出户而知天下，不窥牖而见天道，不见而命，不行而至[8]。是谓道知，以通神明，应于无方，而神宿矣[9]。

【注释】

①"虑不会"六句：陶弘景注："虑不合物，则听者不为己听，故听不审矣。听既不审，候岂得哉！乖候

而谋，非失而何，计既失矣，意何所信，惟有虚伪，无复诚实也。"虑不会，"虑"与"意"不交会。意无所信，即意不实，也即意虚。信，确信，确实。

②"故计谋之虑"三句：按，此言实意必须先从静心开始。陶弘景注："实意则计谋得，故曰务在实意；实意由于心安，故曰必在心术始也。"心术，静心之术。

③和通：和气通畅。六腑：指胃、大肠、小肠、三焦、膀胱、胆。

④内视：不是用眼去看，而是用心去看。反听：不是用耳去听，而是用心去听。

⑤太虚：思虑达到毫无杂念的空明境界。

⑥待神往来：按，以上言只有无为方能做到内视、反听、定志，神方往来。陶弘景注："言欲求安心之道，必寂澹无为。如此则五脏安静，六腑和通，精神魂魄各守所司，澹然不动则可以内视无形，反听无声，志虑宅太虚，至神明千万往来归于己也。"

⑦人事之政理：国家大事中如何管理人民的道理。

⑧不行而至：按，以上言如能以心视，就能深入理解阴阳终始运转之道理和规律，通达人事之政理而无所不能。陶弘景注："唯神也，寂然不动，感而遂通天下之故，能知于不知，见于不见，岂待出户窥牖，然后知见哉！同于不见而命，不行而至也。"

⑨"是谓道知"四句：道知，无为而知。应于无方，意即达到道知状态，处理任何问题都能在无形之中

解决，没有显示外在的方法。无方，没有方法。陶
弘景注："道，无思也，无为也。然则道知者，岂用
知而知哉！以其无知，故能通神明，应于无方而神
来舍矣。宿犹舍也。"

【译文】

计谋，是生死存亡的关键。如果心里的虑与意不交会，
那么表现在外在的听言就不审慎，期望从他人处得到信息
就不可能。计谋一旦失败就会导致意虚，意虚就没有实意。
所以在计谋的开始，务必要做到实意，实意也必须从静心
之术开始。静心之术就是：本着无为之道，安静五脏，让
六腑之内的和气运行通畅，精神魂魄固守不动，才能做到
用心去视，用心去听，最后安定心志。思虑达到毫无杂念
的空明境界，精神就能自由往来。在这样的状态下，来看
天地开辟，知悉万物的产生和变化的规律，看阴阳的起始
变化，推原国家大事中如何管理人民的道理，做到不出门
就能知天下大势，不看窗户就能悟到自然之道，不待事情
发生就能准确预见并发布命令，不做事就能成功。达到道
知状态，即能与神明相通而无所不能，神亦来宿于此矣。

分威法伏熊①

分威者，神之覆也②。故静意固志，神归其舍，
则威覆盛矣③。威覆盛，则内实坚；内实坚，则莫
当；莫当，则能以分人之威，而动其势，如其天④。
以实取虚，以有取无，若以镒称铢⑤。

【注释】

①分威法伏熊：分威，散发威势。那么，到底是散发己方威势呢？还是分散对方的威势呢？尹桐阳《鬼谷子新释》认为"分"即"奋"，分威即"奋己之威"。熊袭击前必先伏身，伏而后击，力量更大。"分威法伏熊"意思是说在奋己之威前要像伏着的熊一样积蓄威势。此说较为合理。俞棪《鬼谷子新注》、萧登福《鬼谷子研究》认为"分威"是"分散对方的威势"，意为分散对方的威势，像埋伏中的熊一样，伺机出击。此说可供参考。陶弘景注："精虚动物谓之威，发近震远谓之分。熊之搏击，必先伏而后动。故分威法伏熊也。"

②分威者，神之覆也：分威，即奋威。覆，即伏。奋威当须神伏于其中。神伏于威中，有神则有威可散发。陶弘景注："覆，犹衣被也。神明衣被，然后其威可分也。"

③"故静意固志"三句：意谓欲散发威势，必先意静志固，使意志专一，神归于心中，如此威势则壮盛。陶弘景注："言致神之道，必须静意固志，自归其舍，则神之威覆隆盛矣。舍者，志意之宅也。"

④"威覆盛"八句：意谓威势盛，内心就会坚实，内心坚实则可分他人之威。陶弘景注："外威既盛，则内志坚实，表里相副，谁敢当之。物不能当，则我之威分矣。威分势动，则物皆肃然，畏敬其人若天也。"莫当，没有什么能抵挡。当，挡。

⑤"以实取虚"三句：按，此言威盛之后果。陶弘景注："言威势既盛，人物肃然，是我实有而彼虚无，故能以我实取彼虚，以我有取彼无，其取之也，动必相应，犹称铢以成镒也。二十四铢为两，二十四两为镒也。"以镒（yì）称铢（zhū），用重的砝码称量轻物，比喻以重驭轻，轻而易得。镒、铢，古代两种重量单位。一镒为二十两，一说相当于二十四两，一两为二十四铢。

【译文】

散发己方威势，就是先要积蓄威势，让神伏于其中。自己要意静志固，使意志专一，神归于心中，这样威势才能壮盛。威势壮盛，就使得自己内心充实而安定；内心充实安定，就没有什么人或东西能够阻挡；己方做到没有什么不能阻挡，就能分散他人的威力，动摇对方的势力，万物敬畏，如同天神。用己方之实来攻取对方之虚，以己方之优势去攻对方之劣势，就像用镒去称铢一样容易。

故动者必随，唱者必和；挠其一指，观其余次；动变见形，无能间者①。审于唱和，以间见间，动变明而威可分也②。将欲动变，必先养志伏意以视间③。知其固实者，自养也；让己者，养人也。故神存兵亡，乃为之形势④。

【注释】

①"故动者必随"六句：按，此言威盛则内心坚实无

间，他人无可利用。陶弘景注："言威分势震，靡物犹风，故能动必有随，唱必有和。但挠其指，以名呼之，则群物毕至，然徐徐以次观其余，众循性安之，各令得所。于是风以动之，变以化之，犹泥之在钧，群器之形自见。如此，则天下乐推而不厌，谁能间之也。"唱，同"倡"，倡导。挠（náo）其一指，观其余次，意谓触碰对方一个手指头，就能看到其他手指的变化。这里指只要触动对方一个局部，从对方的反应中，就能知晓对方的全部情况。挠，抓，搔。见，同"现"。间，间隙。这里指没有机会逃得掉。

② "审于唱和"三句：意谓分他人之威时，须善于洞悉对方之应变与举动，以寻找分其威势之机会。陶弘景注："言审识唱和之理，故能有间，必知我；既知间，故能见间，而既见间，即莫能间，故能明于动变而威可分也。"以间见间，用寻找间隙的方法去找对方的缺陷。

③ 将欲动变，必先养志伏意以视间：意谓己方在将要做出举动和应变之前，必定要先固气养志，隐藏意图，等待机会。陶弘景注："既能养志伏意，视知其间，则变动之术可成矣。"伏意，即静意，使意念安静。

④ "知其固实者"六句：按，此强调神存则威盛。陶弘景注："谓自知志意固实者，此可以自养也；能行礼让于己者，乃可以养人也。如此则神存于内，兵

亡于外，乃可为之形势也。"固实，使自己思想意识坚定而充实。让己，以己所有者与人，即把自己所拥有的给别人。

【译文】

所以一旦己方有行动，对方也必须跟随，己方有倡导，对方必然会应和；只要触碰对方一个局部，从对方的反应中，就能知晓对方的全部情况；对方的举动和应变统统会显现出来，没有一个能逃得掉的。懂得倡导与应和的道理，通过蛛丝马迹去寻找对方的缺陷，待对方的举动和应变的局势明晰之后，就可以分散他的威势了。己方在将要做出举动和应变之前，必定要先固气养志，隐藏意图，等待机会。懂得使自己思想意识坚定而充实的人，是懂得提高自我修养的人；懂得把自己所拥有的给予别人的人，是为了以德威服他人。所以只要神存就可达到威势自分，使用武力自然就用不上了，然后根据形势用神去驾驭对方。

散势法鸷鸟①

散势者，神之使也②。用之，必循间而动③。威肃内盛，推间而行之，则势散④。夫散势者，心虚志溢⑤。意衰威失，精神不专，其言外而多变⑥。故观其志意为度数，乃以揣说图事，尽圆方，齐短长⑦。

【注释】

①散势法鸷（zhì）鸟：己方神一出，对方威势必分散丧失。使对方的威势分散丧失，需要己方出击迅速

而凶猛，所以说"散势法鸷鸟"。陶弘景注："势散
而后物服。犹鸟击禽获，故散势法鸷鸟也。"散势，
分散对方的威势。散，分散，使丧失。鸷鸟，凶猛
而迅速出击的鸟，如鹰、隼之类。

②散势者，神之使也：按，上文说"分威"是"神之
伏"，此处说"散势"为"神之使"，正相对应。陶
弘景注："势由神发，故势者神之使。"使，此处意
为"出"。

③用之，必循间而动：意谓散对方之势，必寻对方之
间隙缺陷，然后施行之。陶弘景注："无间则势不
行，故用之必循间而动。"循间，即寻找对方的缺
陷和漏洞。间，间隙，漏洞。

④"威肃内盛"三句：意谓威势在内蓄积，待间而发，
有间则势必然崩散。陶弘景注："言威势内盛行之，
又因间而发，则其势自然而布散矣。"肃，内敛。
这里指积聚。推间，意即寻找间隙，寻找机会。
推，推算，排查。

⑤夫散势者，心虚志溢：按，此言散势的要求。散势
前，己方要做到内心虚静专一，志得意满，而后方
能散对方之势。陶弘景注："心虚则物无不包，志溢
则事无不决，所以能散其势。"

⑥"意衰威失"三句：按，此言威失之后果。陶弘景
注："志意衰微而失势，精神挫衄而不专，则言疏外
而谋变也。"言外，对方的言辞就会将内心的真实
情况泄露于外。多变，意即如果他想故意用言辞掩

饰内心的慌张，那么往往就会闪烁其词。

⑦"故观其志意为度数"四句：意即对对方的上述情况进行观察，以得到对方真实的"志"和"意"为标准，一旦得到对方真实的志意，就可以进行揣摩如何游说，以及如何策划计谋了。在游说过程中，根据实际情况灵活地运用计谋，或说一些投合对方的话，或说一些按规矩应该说的话。陶弘景注："知其志意隆替，然后为之度数。度数既立，乃复揣而说之。其图其事也，必尽圆方之理，齐短长之用也。"揣说图事，揣摩游说和图划事情。尽圆方，针对"揣说"而言，意即尽情使用或圆或方的游说方法。圆，说一些投合对方的话。方，即按规矩行事。齐短长，针对"图事"而言，意即灵活运用各种计谋。短长，纵横策略。

【译文】

分散对方的威势，是自己的神经过积蓄以后外出的结果。用"散势"之术，一定要寻找到对方的空隙然后采取行动。经过内心的蓄积，自己的威势在内心积聚已经很盛了，找到对方的间隙而发出，那么，对方的威势势必就会失去。对方的威势一旦散失，他就会心虚，内在的志也会溢出。志出就会导致意衰，意衰就会失去威势，精神不专一，这样对方的言辞就会将内心的真实情况泄露于外，如果他想故意在言辞上掩饰，那么往往就会闪烁其词，词不达意。对对方的这种情况进行观察，以得到对方真实的志和意为标准，一旦得到对方真实的志意，就可以进行揣摩

本经阴符七术

游说、策划计谋了，或说一些投合对方的话，或说一些按规矩应该说的话。

无间则不散势，散势者，待间而动，动而势分矣①。故善思间者，必内精五气，外视虚实，动而不失分散之实②。动则随其志意，知其计谋③。势者，利害之决，权变之威；势败者，不以神肃察也④。

【注释】

①"无间则不散势"四句：意谓散势须待间而行，不得间则势不行，得间则势分。陶弘景注："散不得间，则势不行。故散势者，待间而动，动而得间，势自分矣。"

②"故善思间者"四句：按，此言善于散势的人，必定善于寻间，善寻间必定让内心五气得到调和乃可，五气和则能察虚实，虚实之间有间隙可寻。陶弘景注："五气内精，然后可以外察虚实之理。不失则间必可知，其有间，故能不失分散之实也。"精五气，炼五脏精气。动而不失分散之实，行动就不会失去散发威势的实效。

③动则随其志意，知其计谋：意谓对方动则有间，有间即可知其计谋。陶弘景注："计谋者，志意之所成。故随其志意，必知其计谋也。"

④"势者"五句：按，此言善于散势，乃决定利害之关键。陶弘景注："神不肃察，所以势败也。"权变，

灵活运用权术。

【译文】

对方如果没有间隙可用，那么，己方就不散势，散势，一定要等到对方有空可钻的时候才能行动，一旦行动，对方的威势必然崩溃。所以善于思考寻找对方漏洞的人，一定是自己在内心积聚五脏精气，在外探查对方的虚实，一旦行动就不会失去散发威势的实效。他的行动就能紧紧跟随对方的意图，知道对方的计谋。势，是处理利害关系的决定因素，也是灵活运用权术的威慑力量；势被分散，是不能运用神去认真考察的结果。

转圆法猛兽①

转圆者，无穷之计。无穷者，必有圣人之心，以原不测之智而通心术②。而神道混沌为一，以变论万类，说义无穷③。智略计谋，各有形容：或圆或方，或阴或阳，或吉或凶，事类不同④。故圣人怀此用，转圆而求其合⑤。故与造化者为始，动作无不包大道，以观神明之域⑥。

【注释】

①转圆法猛兽：转圆，转动圆形的物体。圆一旦转动起来，就会顺着一个方向不停地运转。这里比喻顺利可得。猛兽捕食，因其威猛强大而易得，所以说"转圆法猛兽"。陶弘景注："言圣智之不穷，若转圆之无止。转圆之无止，犹兽威无尽，故转圆法猛兽

也。"陶注说兽威无尽，亦可通。

② "无穷者"三句：意谓计谋若像圆形器物不停转动一样源源不断产生出来，必须要有圣人一样的心胸。陶弘景注："圣心若镜，物感斯应。故不测之智可原，心术之要可通也。"原，推究根源。心术，炼心之术。这里指凝聚心气的方法。

③ "而神道混沌为一"三句：按，此言转圆乃游说之根本方法。陶弘景注："既以圣心原不测，通心术，故虽神道混沌如物，杳冥而能论其万类之变，说无穷之义也。"神道，神妙莫测的造化自然。变，通"辩"，周遍。说义无穷，所说的道理无穷无尽。

④ "智略计谋"六句：按，此言运用智慧进行计谋制定策略，随着事物种类以及客观情况不同而不断变化。陶弘景注："事至，然后谋兴；谋兴，然后事济。事无常准，故形容不同。圆者运而无穷，方者止而有分。阴则潜谋未兆，阳则功用斯彰。吉则福至，凶则祸来。凡此事皆反覆，故曰事类不同也。"形容，形态。

⑤ 故圣人怀此用，转圆而求其合：意谓圣人通转圆的道理，寻找适合计谋以成大事。陶弘景注："此谓所谋'圆方'以下六事，既有不同，或多乖谬。故圣人怀转圆之思，以求顺通合也。"

⑥ "故与造化者为始"三句：意谓要以跟随圣人为始，则所行无不合于大道。陶弘景注："圣人体道以为用。其动也，神其随也。天故与造化其初，动作

先合大道之理，以稽神明之域。神道不违，然后发施号令也。"造化，这里指圣人。

【译文】

计谋像转动圆形物体一样，源源不断地产生出来。无穷计谋的产生，必须要有圣人一样的心胸，推究深不可测智慧的根源，需要熟练掌握凝聚心气的方法。虽然大自然造化万物神妙莫测，变化多端，但是有着一个根本的道理，紧紧抓住这个根本的道理，就可以掌控大自然中的一切事物，策士游说时的道理就无穷无尽。运用智慧进行计谋制定策略，都要随着客观情况的变化而变化：或圆或方，或阴或阳，或吉或凶，随着事物种类以及情况不同而不断变化。所以圣人心中懂得运用这个道理，在处理事情时就像不停转动圆圈一样，不断寻找合适的智谋，求得合乎事理，解决问题。所以要以跟随圣人为开始，那么所作所为无不合于大道，并且能看到别人无法看到的神明的境地。

天地无极，人事无穷，各以成其类，见其计谋，必知其吉凶成败之所终①。转圆者，或转而吉，或转而凶，圣人以道先知存亡，乃知转圆而从方②。圆者，所以合语③；方者，所以错事④。转化者，所以观计谋⑤；接物者，所以观进退之意⑥。皆见其会，乃为要结以接其说也⑦。

【注释】

①"天地无极"五句：意谓天地人事皆无穷尽，应当

以类知之。以类知之则可见其计谋，知其成败之最终结果。陶弘景注："天地则独长且久，故无极；人事则吉凶相生，故无穷。天地以日月不过陵谷，不迁为成人事，以长保元亨，考终厥命为成。故见其事之成否，则知其计谋之得失。知其计谋之得失，则吉凶成败之所终，皆可知也。"以，因。所终，结果。

②"转圆者"五句：意谓转圆并不总是带来利益，使用不当亦可能给自己带来灾祸。圣人因能先知存亡关键之所在，故用转圆之术总能趋长避短。陶弘景注："言吉凶无常准，故取类转圆。然唯圣人坐忘遗鉴，体同乎道。故能先知存亡之所在，乃后转圆而从其方，弃凶而趋吉，方谓吉之所在也。"

③圆者，所以合语：此句意谓运用"圆"术，容易话语投机。陶弘景注："圆者，通变不穷，故能合彼此之语。"合语，言语合拍，话语投机。

④方者，所以错事：此句意谓运用"方"术，容易解决问题。陶弘景注："方者，分位斯定，故可以错有为之事。"错事，处理事务，解决问题。错，通"措"。

⑤转化者，所以观计谋：按，此言在圆与方之间相互转化，能够看到计谋的设计。陶弘景注："转化者，改祸为福，故可观计谋之得失。"转化，因转动而变化。

⑥接物者，所以观进退之意：陶弘景注："接物者，顺

通人情，故可以观进退之意是非之事也。"按，以
上言圆者主变，方者主定。做到圆与方之间的相互
转化，才能用来处理政事。

⑦ 皆见其会，乃为要结以接其说也：意谓无论是用
"圆"，还是用"方"，都要看到问题的症结所在，
然后抓住关键去进行迎合对方需要的游说。陶弘景
注："谓上四者，必见其会通之变，然后总其纲要以
结之，则情伪之说，可接引而尽矣。"会，会聚，
这里指各种问题的症结所在。要结，关键。接其
说，迎合对方需要的游说。

【译文】

天地没有边界，人事的变化也是没有穷尽的，世界上
的万事万物都有其类别上的归属，我们可以通过其类别来
推测其计谋，这样必然知道是吉还是凶、是成还是败的结
果。运用转圆之法，用得好，会得到吉利的结果，用得不
好，就得到凶险的结果，圣人使用转圆之术总能趋长避短，
及时从转圆术中解脱出来。圆变化无穷，是用来游说的策
略，要求与对方话语投机；方安定沉稳，是用来处理具体
事务的办法。圆能因转动而变化无穷，所以使用圆也能探
查到对方的计谋；方安定沉稳，可以根据处理事情的实际
效果决定进退。无论是用圆还是用方，都要看到问题的症
结所在，然后抓住关键去进行迎合对方需要的游说。

损兑法灵蓍①

损兑者，机危之决也②。事有适然，物有成败，

机危之动，不可不察③。故圣人以无为待有德，言察辞合于事④。兑者知之也，损者行之也⑤。损之说之，物有不可者，圣人不为之辞⑥。故智者不以言失人之言，故辞不烦而心不虚，志不乱而意不邪⑦。

【注释】

① 损兑法灵蓍（shī）：根据高亨《周易古经今注》的研究，以四十九根蓍草经过多次反复揲（shé）演，才成卦。所以说"损兑法灵蓍"。损兑，意即减少直率而多求变化。兑，直。蓍，用草筮。陶弘景注："《老子》曰：'塞其兑。'河上公曰：'兑，目也。'《庄子》曰：'心有眼。'然则兑者，谓以心眼察理也。损者，谓减损他虑，专以心察也。兑能知得失，蓍能知休咎，故损兑法灵蓍也。"陶注认为损兑为专以心察，可参。

② 损兑者，机危之决也：意谓损兑之术，乃为处理危险问题之关键。陶弘景注："几危之兆，动理之微，非心眼莫能察见，故曰损兑者，机危之决也。"机危，危险的征兆。

③ "事有适然"四句：按，此言事物的成败，往往源于细小的缝隙。陶弘景注："适然者，有时而然也。物之成败，有时而然。机危之动，自微至著，若非情识远深，知机玄览，则不能知于未兆，察于未形，使风涛潜骇，危机密发，然后河海之量堙为穷流，一篑之积叠成山岳。不谋其始，虽悔何追，故

曰不可不察。"适然，偶然。

④故圣人以无为待有德，言察辞合于事：意谓圣人处理事情，用顺应自然的原则来对待，考量对方的言辞与其所做之事之间是否相合来判断，对方有危险征兆即被获得。德，通"得"。陶弘景注："夫圣人者，勤于求贤，密于任使，故端拱无为以待有德之士，士之至也，必敷奏以言，故曰言察辞也。又当明试以功，故曰合于事也。"以有德为"有德之士"，可参。

⑤兑者知之也，损者行之也：意即直率则易泄密而让对方知晓，减少直说，则可避免泄密。陶弘景注："用其心眼，故能知之；减损他虑，故能行之。"

⑥"损之说之"三句：意谓如果做到了不率直去游说，但是事情还是得不到解决的，圣人就不会再随便开口了。陶弘景注："言减损之，说及其所说之物，理有不可，圣人不生辞以论之也。"

⑦"故智者不以言失人之言"三句：按，此言损兑术之重要。陶弘景注："智者听舆人之讼，采荛荛之言，虽复辩周万物不自说也，故不以己能言而弃人之言。既用众言，故辞当而不烦。还任众心，故心诚而不伪。心诚言当，志意岂复乱邪哉。"故智者不以言失人之言，意即智者皆不因自己不会言说而失掉对对方言辞信息的获得。

【译文】

做事要减损直率多追求变化，这是处理遇到危险征兆问题时的关键。任何事情或事物在运行发展过程中都会有偶然发生，既有可能成功也可能失败，对露出危险的蛛丝马迹，不能不仔细观察。所以圣人处理事情，用顺应自然的原则来对待，看对方的言辞与其所做之事之间是否相合来作出判断，对方有危险之处即被得知。如果策士直率去说，己方的危险之处就容易被对方知道；如果做到不直率去说，则可避免己方弱点暴露出来，因而是可以实行的。如果做到了不率直地去游说，但是事情还是得不到解决的，圣人就不会再随便开口了。所以智者都不会因自己不会言说而失掉对对方言辞信息的获得。言辞不繁乱，心气就不虚，心气集中，志就不会散乱，志能凝聚，意念就端正。

当其难易而后为之谋^①，因自然之道以为实^②。圆者不行，方者不止，是谓大功^③。益之损之，皆为之辞^④。用分威散势之权，以见其兑威、其机危，乃为之决^⑤。故善损兑者，譬若决水于千仞之堤，转圆石于万仞之谿^⑥。而能行此者，形势不得不然也。

【注释】

①当其难易而后为之谋：按，此言损兑术之原则，因具体情况而具体对待。陶弘景注："夫事变而后谋生，改常而后计起。故必当其难易之际，然后为之计谋。"当，遇到。

②因自然之道以为实：意谓顺应自然之道来实行。陶弘景注："失自然之道，则事废而功亏。故必因自然

之道，以为用谋之实也。"

③"圆者不行"三句：意谓对方施行圆的计策不停止，己方施行方的计策就不停止，直到令对方不能按照常理常规设谋行事，这样我方才能成就大功。陶弘景注："夫谋之妙者，必能转祸为福，因败成功，沮彼而成我也。彼用圆者，谋令不行；彼用方者，谋令不止。然则圆行方止，理之常也。吾谋既发，彼不得守其常，岂非大功哉！"

④益之损之，皆为之辞：意谓或增加，或减少，都是为了言辞能够合适地加以表达。陶弘景注："至于谋之损益，皆为生辞，以论其得失也。"

⑤"用分威散势之权"三句：意谓用分威、散势之术，可见对方隐微之处，于是作出决断。陶弘景注："夫所以能分威散势者，心眼之由也。心眼既明，机危之威可知之矣。既知之，然后能决之也。"

⑥"故善损兑者"三句：按，此言善用损兑术的妙处。陶弘景注："言善损虑以专心眼者，见事审，得理明，意决而不疑，志雄而不滞。其犹决水转石，谁能当御哉。"仞（rèn），古代长度单位。在古代不同时期，对一仞的长度说法不一，如周代的仞为八尺，汉代的仞为七尺，东汉末年的仞为五尺六寸。

【译文】

面对困难或者容易之事，然后去想出种种对策，根据自然法则来决定施行。对方施行圆的计策不停止，己方施行方的计策就不停止，直到令对方不能按照常理常规设谋行事，这样我方才能成就大功。或者增加，或者减少，都是为了言辞能够合适地加以表达。用分威、散势的权谋，去发现对方直行的威力和他的危险征兆，于是作出决断。所以善于运用"损兑"之术的人，就像决开千仞的大堤放水而下，水冲向万仞之深的谿谷中的石头能够让其旋转一样容易。水虽柔弱却能转动起大石头，是因为水的形势造成的必然结果。

持　枢

　　枢，原指使门转动的轴，枢在中间，可以使外部运转。持枢，意即抓住关键以控制万物的运转。陶弘景注："枢者，居中以运外，处近而制远，主于转动者也。故天之北辰，谓之天枢；门之运转者，谓之户枢。然则持枢者，执运动之柄以制物者也。"

　　本篇有残缺。其主旨与结构无法得见。从残留的部分看，主要说人君治国要遵从天道，顺应自然规律，只要效法自然规律，就能抓住治国安民的关键。《意林》引《鬼谷子》佚文曰："以德养民，犹草木之得时；以仁化仁，犹天生草木以雨润泽之。"疑为此篇佚文。

持枢^①，谓春生、夏长、秋收、冬藏，天之正也^②。不可干而逆之。逆之者，虽成必败^③。故人君亦有天枢，生、养、成、藏^④，亦复不可干而逆之，逆之者，虽盛必衰。此天道，人君之大纲也^⑤。

【注释】

①持枢：抓住关键。

②天之正也：大自然的法则，也是人间君主应该遵循的治国关键。陶弘景注："言春夏秋冬四时运行，不为而自然也，不为而自然，所以为正也。"正，政。《论语·颜渊》："政者，正也。子帅以正，孰敢不正？"

③"不可干而逆之"三句：按，此强调天道不可违。陶弘景注："言理所必有物之自然，静而顺之，则四时行焉，万物生焉。若乃干其时令，逆其气候，成者犹败，况未成者乎？元亮曰：'含气之类，顺之必悦，逆之必怒，况天为万物之尊而逆之乎？'"干，犯，抵触。逆，倒向，这里指违反。

④故人君亦有天枢，生、养、成、藏：按，此言人君之天枢亦当须遵循自然之道。陶弘景注："言人君法天以运动，故曰亦有天枢。然其生养成藏，天道之行也。人事之正，亦复不别耳。"生、养、成、藏，指出生、养育、长成、保有。

⑤"亦复不可干而逆之"五句：意谓生、养、成、藏，乃为人君之大纲。陶弘景注："言干天之行，逆人之

正，所谓倒置之。故曰逆非衰而何。此持枢之术，恨太简促，畅理不尽，或简篇脱烂，本不能全故也。"

【译文】

抓住关键，就是说顺从春季让万物生长，夏季让万物得到充分的养育，秋季让万物充分的长成，冬季让万物得到储藏保有，这是自然运行的正常法则。不可触犯而违背它。违背自然法则，事情即便一时做成功了最终也是失败。所以人主为政治国的关键就是顺应自然之道，出生、养育、长成、保有，是不可违背的，违背自然之道，即使一时兴盛最终必然走向衰败。这就是天道，是作为国君的根本纲领。

中　经

　　《中经》，与《本经》相对而言。《庄子》分内篇、外篇、杂篇。《韩非子》有内、外储说，《鬼谷子》有《本经》、《中经》。《本经》是讲内在修炼，《中经》则主要是说外在御世的策略和技巧。陶弘景注："谓由中以经外，发于心本，以弥缝于物者也，故曰《中经》。"

　　制人而不被人所制，乃《鬼谷子》讨论中心问题之一。如何在与人打交道过程中考察对方、利用对方、控制对方即本篇中心议题。本篇为此提出了见形为容、象体为貌，闻声知音，解仇斗郄，缀去，却语，摄心与守义等七术。

　　见形为容、象体为貌。本篇认为，由人之外在形貌、行动、表情、言语，即可探知此人内心世界，可了解此人心性品质，提出就像用卦爻可以占测事物吉凶一样，去观察人之"影响、形容、象貌"，去考察对方。不过，在考察时须注意，若遇到那种目不斜视，耳不旁听之人，则须小心。此类人开口前贤遗训，闭口仁义道德，表情平静端庄，使人无法从外貌形象探知其内心世界，他们往往城府很深，精于权术，去探测他，反而往往被他看破，进而反受其控制。对待这类人，应"隐匿塞郄"，隐藏真实意图，堵塞好己方的漏洞，离他而去。

　　闻声知音。人在社会群体中，语言是最主要的交流工具，所以要结交他人为己所用，首先就是要注意自己的语言是否能够迎合对方，让对方视为知己。本篇用五音相配来作比喻说明。商、角不能合，徵、羽不相配，音不合则逆于耳。故策士们须注意训练自己的语言，使它像宫声一样合于人意。如此须在谈话中，观察别人表情，揣摩别人心理，明白对方希望给他讲些什么，知悉对方喜欢听何种言辞。在得悉这些情况之后，再顺从他的愿望去游说，对方听到话语合其心意，就会视自己为知心人，与自己结交。

解仇斗郤。此为收买利用他人为己所用之政治斗争权术。解仇斗郤术要视对方与自身力量的对比情况而采取不同的方法。那些比自己力量弱小的人，我们凭借自身的力量与威势去对他们施加压力与影响，使对方迫于压力而归附于我，为我所用。而对那些比自己力量强大的势力，要利用他们彼此之间的矛盾，促使势力强大者之间发生斗争，然后对胜利的一方给予高度的赞扬，使他们被胜利冲昏头脑，对局势不能作出清醒的判断，只知一味地穷追猛打，将失败一方置于死地。我们再反过来对失败者表示同情，宣扬他们的失败侮辱了祖宗，刺激他们鼓起干劲，与胜者一方殊死搏斗，直到双方势力消耗降低到不如我们自身实力，能够被我们所掌控时为止。此时我们再出面调停争斗，用拉拢、威胁、分化等手段使双方均为我所用。

缀去术。此术言当我们身边之人将要离开时，怎样收买其心，使之人走心在，而为我所用。如遇有身边之人要离我而去时，要讲一些友谊长存，十分思念之语，使他对我怀有留念之情。尤其对贞信之人，因其讲信义、重然诺，愿意为朋友两肋插刀，在其离去之时要称赞其德行，激励其意志，鼓励他到新的环境中继续努力。我们这样说，对方心中必存感激，实际上他的心已被拢住，即使到了新环境中，也会继续为我们服务，将来还是有机会能再回到我们身边。此策乃为当时形势之反映。

却语术。此术原指善于抓住别人话语中的短处，加以利用，实可泛指抓住对方所有的短处，以此来要挟对方，威胁利用对方，让其为我们卖命。欲抓住别人短处，须首先从其语言中寻找机会。将对方之言暗自记在心里，寻找机会，告知其话语触犯了何种忌讳或法规，分析由此带来的严重后果，使对方胆战心惊，恐惧害怕，此时我们可以向其保证自己将保密，让其放心。以此作为把柄来要挟对方，使其时时听从，为我所用。

摄心术。此术对人实施征服其内心的方法，让其为我服务。本篇所言仅举两例作例证。其一，对那些有一技之长，醉心于学习技艺道术之人，用摄心之术。这些人依仗其一技之长，往往看不起外行。如要驾驭他，让其为我所用，则务必使自己变成内行。要对其所从事行业的专业知识与技能进行广泛学习与了解，在此基础上，称赞其技艺的长处在什么地方，指出其创新之处以及价值所在，同时也要指出其不足之处，帮其分析原因，帮助其完善技艺，使其博得更大的名声。这样必然会让他对我们所拥有的专业知识与精湛的技能感到惊讶，并发自内心地佩服我们，同时，也感激我们对他的帮助，愿意快乐地为我服务。其二，对那些沉迷于酒色不能自拔之人，我们就尽量先满足其酒色之需，使其沉迷而濒于死亡，然后告诫他这样下去是死路一条，并帮助他摆脱困境，重新做人。如此他必然感激我们，成为我们的死党。

守义术。所谓"守义"之术，即自己谨守仁义，探取对方内心，再迎合他。刺探其内心，得悉其内心之真实意图，然后可以从外控制其内心想法，让对方因有事求于我，而委曲于我。圣人之所以善于使用"守义"之术，因为此术确实能使家庭与国家转危为安，救亡图存。但是使用守义之术，需要注意区别小人，不可贸然用之。因为小人以利与人结交，不是用仁义而用旁门左道来迎合对方的内心，可以导致国破家亡。非贤能智慧的人，不能用义来守家，不能用道来治国。所以使用守义之术需要针对对象有所选择。

知人、用人，在春秋战国时期，不同的思想派别有不同的主张。儒家主张以德感化，让臣民为君主自觉地尽心尽力；道家主张顺人之性；法家主张严刑峻法，让人畏惧害怕而不敢违背自己的意志。纵横家则主张使用权术来达到自己的目的，显示出纵横学特点。

《中经》，谓振穷趋急，施之能言厚德之人①。救拘执，穷者不忘恩也②。能言者，俦善博惠③。施德者，依道④。而救拘执者，养使小人⑤。盖士遭世异时危，或当因免阗坑⑥，或当伐害能言⑦，或当破德为雄⑧，或当抑拘成罪⑨，或当戚戚自善⑩，或当败败自立⑪。

【注释】

①谓振穷趋急，施之能言厚德之人：按，此言《中经》篇之宗旨。陶弘景注："振，起也；趋，向也。物有穷急，当振趋而向护之，及其施之，必在能言之士、厚德之人。"振穷趋急，救助陷入困境或有急难的人。振，救济。

②救拘执，穷者不忘恩也：陶弘景注："若能救彼拘执，则穷者怀德，终不忘恩也。"拘执，被拘禁的人，也泛指处于困境中的人。

③能言者，俦（chóu）善博惠：按，此句说纵横策士的社会责任。陶弘景注："俦，类也。谓能言之士，解纷救难，不失善人之类，而能博行恩惠也。"能言者，指策士。俦善，意即多善。俦，同伴。这里指成对出现，比喻多。

④施德者，依道：意谓施行德行的人，均依于道而行。陶弘景注："言施德之人，动能循理，所为不失道也。"

⑤而救拘执者，养使小人：意谓救处于困境中的人，目的是豢养他们，使他们供自己召唤。陶弘景注：

"言小人在拘执而能救养之，则小人可得而使也。"小人，平常普通之人。在中国古代，圣人、君子、小人乃三种人格标准。

⑥因免阗（tián）坑：仅仅免于死于兵荒马乱。阗，满，盛。陶弘景注："填坑，谓时有兵难，转死沟壑，士或有所因，而能免斯祸者。"

⑦伐害能言：善于加害嫉妒的能言善辩之士。陶弘景注："伐害能言，谓小人之道，谗人罔极，故能言之士，多被残害。"

⑧破德为雄：放弃仁德而成为一世雄主。陶弘景注："破德为雄，谓毁文德，崇兵战。"

⑨抑拘成罪：拘役成为罪人。陶弘景注："抑拘成罪，谓贤人不辜，横被缧绁。"

⑩戚戚自善：心里想的只要自我保持良善。陶弘景注："戚戚自善，谓天下荡荡，无复纲纪，而贤者守死善道，真心不渝，所谓岁寒然后知松柏之后凋，风雨如晦，鸡鸣不已者也。"

⑪败败自立：在危败的情形中谋得自立。陶弘景注："败败自立，谓天未悔过，危败相仍，君子穷而必通，终能自立，若管仲者也。"

【译文】

《中经》，说的是能救助陷入困境或有急难的人，只有能言善辩、德行深厚的人才能够做得到。救人于困境之中，那些被解救的人，就不会忘记你的恩德。能言善辩之士，多行善事，广施恩惠。施行厚德的人，行事都依据于道。

而救处于困境中的人，目的是豢养他们，使他们供自己召唤。士在乱世之中往往会遭到不遇时的危险处境：有的仅免一死，有的成为善于加害嫉妒的能言善辩之士，有的放弃仁德崇尚武力而成为一世雄主，有的被拘成为罪人，有的明哲保身，有的在危败的情形中谋得自立。

故道贵制人，不贵制于人也①。制人者握权，制于人者失命。是以见形为容、象体为貌，闻声和音，解仇斗郤，缀去，却语，摄心，守义②。《本经》纪事者，纪道数，其变要在《持枢》、《中经》③。

【注释】

①故道贵制人，不贵制于人也：按，此言士立于世，当贵制人而不被他人所制。陶弘景注："贵有术而制人，不贵无术而为人所制者也。"

②"是以见形为容、象体为貌"七句：按，此下言七术。陶弘景注："此总其目，下别序之。"郤（xì），通"隙"，这里指矛盾。

③"《本经》纪事者"三句：按，此句交代《本经》、《持枢》、《中经》三篇之间的内在关系。陶弘景注："此总言《本经》、《持枢》、《中经》之义。言《本经》纪事，但纪道数而已。至于权变之要，乃在《持枢》、《中经》也。"道数，道术。

【译文】

所以为人处世之道，贵在控制别人，而不是被别人所控制。制服别人就掌握着主动权，被别人控制就会丢掉性命。因此有见形为容、象体为貌，闻声和音，解仇斗郄，缀去，却语，摄心，守义等方法。《本经》是记录如何做到这些方法的根本道理的，其运用时变通的要点在《持枢》和《中经》。

　　见形为容、象体为貌者，谓爻为之生也①。可以影响形容象貌而得之也②。有守之人，目不视非，耳不听邪，言必《诗》《书》，行不淫僻③，以道为形，以德为容，貌庄色温，不可象貌而得之。如是，隐情塞郄而去之④。

【注释】

①见形为容、象体为貌者，谓爻为之生也：按，此以《易》之阴阳二爻之变来做推测。陶弘景注："见彼形，象彼体，即知其容貌者，谓用爻卦占卜而知之也。"形，形状，这里指八卦中爻的形状和位置。象，这里指八卦的卦象。爻，《周易》中组成卦的符号。分阳爻（—）和阴爻（--）。爻有爻位，以爻之位次表明事物之位置关系。爻象，《周易》中六爻相交成卦所表示的事物形象。

②可以影响形容象貌而得之也：此言可以通过对一个人的外在形貌而推测出他的内心世界。陶弘景注："谓彼人之无守，故可以影响形容象貌，占而得之。"影响，影子和回声。

③淫：过分。僻：邪僻，越轨。

④隐情塞郄而去之：按，此言退路。陶弘景注："有
守之人，动皆正直，举无淫僻，浸昌浸盛，晖光日
新，虽有辩士之舌，无从而发，故隐情、塞郄、闭
藏而去之。"塞郄，弥补缝隙，堵塞漏洞。

【译文】

所谓见形为容、象体为貌，就是根据卦爻和卦象来推
测事物的吉凶征兆，这也就是爻所起到的作用。就像依据
阴阳爻的位置和卦象之理可以推断吉凶，可以从一个人的
外在行动、声音、体态容貌等信息推测出他的内心世界。
有道德操守的人，目不斜视，耳不旁听，说话必定称引
《诗经》和《尚书》中的文句，行为既不过分，也不邪僻越
轨，以道德规范来约束自己行为，容貌庄重，表情温和，
不能通过外在相貌来猜测他的内心。遇到这种情况，就赶
快隐藏自己的真情，弥补好语言和行为中的漏洞，离他
而去。

闻声知音者，谓声气不同①，恩爱不接②。故
商、角不二合，徵、羽不相配③，能为四声主者，
其唯宫乎④。故音不和则悲⑤，是以声散、伤、丑、
害者，言必逆于耳也⑥。虽有美行、盛誉，不可比
目、合翼相须也。此乃气不合，音不调者也⑦。

【注释】

①声气：声音和气息。这里指双方意气相合。

②接：通。

③故商、角不二合，徵、羽不相配：商、角、徵、羽，皆为五音之一。五音即宫、商、角、徵、羽。古代以五音配五行，商配金，角配木，徵配火，羽配水，宫配土。五行之中有相克关系，如金克木，所以商与角就不相配；又如水克火，所以徵和羽也不相配。陶弘景注："商金、角木、徵火、羽水，递相克食，性气不同，故不相配合也。宫则土也，土主四季。四者由之以生，故能为四声之主也。"

④能为四声主者，其唯宫乎：宫是五音之主。根据五音配五行原则，宫对应的是土。五行又与五方相配，东方为木，南方为火，西方为金，北方为水，中央为土。由于土居中央，统领四方，反映在音中，宫声就居于主宰地位了。所以说，能为四声之主的只有宫。

⑤悲：悲伤。这里指难过，难受。

⑥是以声散、伤、丑、害者，言必逆于耳也：意谓言谈话语或说话声音中，如果有散、伤、丑、害的毛病，那么，说出的话必然是非常刺耳而无法让人接受的。陶弘景注："散、伤、丑、害，不和之音，音气不和，必与彼乖，故其言必逆于耳。"散、伤、丑、害，言语中的四种毛病。散，与人言谈时心意不专。伤，言辞伤人。丑，言辞不雅，说脏话。害，言辞中暗藏祸端。

⑦"虽有美行、盛誉"四句：此言若声气不和，即便

品行美好，也不能相互交应。陶弘景注："言若音气乖彼，虽行誉美盛，非彼所好，则不可如比目之鱼、合翼之鸟，两相须也。其有能令两相交应，不与同气者乎。"合翼，比翼鸟。

【译文】

所谓闻声知音，就是处理双方意气不合，彼此之间施恩惠和行友爱不能相通的一种方法。因为商与角不相合，徵和羽也不相配，能作为四声之主的，只有宫声了。所以音调不和谐，人听起来就会感到难受，因而言谈话语或说话声音中如果有散、伤、丑、害的毛病，那么，说出的话必然是非常刺耳而无法让人接受的。即使有美好的品行，受人赞誉，也不能像比目鱼、比翼鸟那样亲密无间，互相配合。这都是由于意气不合，言语不协调的缘故。

解仇斗郄，谓解赢微之仇；斗郄者，斗强也①。强郄既斗，称胜者高其功，盛其势也②。弱者哀其负，伤其卑，污其名，耻其宗③。故胜者闻其功势，苟进而不知退；弱者闻哀其负，见其伤，则强大力倍，死而是也④。郄无强大，御无强大，则皆可胁而并⑤。

【注释】

①"解仇斗郄"四句：陶弘景注："辩说之道，其犹张弓，高者抑之，下者举之。故赢微为仇，从而解之；强者为郄，从而斗之也。"解仇斗郄，即团结弱者，

使强者互相争斗。解仇，解救弱小的同伴。仇，伴。斗郄，使强者相斗。羸微之仇，弱小的同伴。

② "强郄既斗"三句：意谓强者一旦赢对方，则高扬其功，壮盛其势，表彰其功。陶弘景注："斗而胜者，从而高其功，盛其势也。"

③ "弱者哀其负"四句：陶弘景注："斗而弱者，从而哀其负劣，伤其卑小，污下其名，耻辱其宗也。"哀其负，为他的失败而悲哀。伤其卑，为他的衰落感到伤心。卑，衰落。污其名，玷污他的名声。耻其宗，羞辱他的祖宗。

④ "故胜者闻其功势"六句：意谓胜者知悉己之功劳与威势，一味地进攻而不知退；弱者知悉己方失败，受到损伤，反而会强大实力，倍增力量，拼死抵抗，则胜败最终属谁还很难说。陶弘景注："知进而不知退，必有亢龙之悔。弱者闻我哀伤，则勉强其力，倍意致死，为我为是也。"

⑤ "郄无强大"三句：按，此言解仇斗郄术的效果。陶弘景注："言虽为郄，非能强大，其于扞御，亦非强大。如是者，则以兵威胁，令从己，而并其国也。"可胁而并，胁迫而吞并。

【译文】

所谓解仇斗郄，就是团结弱者，使强者互相争斗；斗郄，就是使强者互相争斗。强者相斗之后，对于胜的一方，就高扬他的功劳，壮大他的声势。对于弱者失败一方，就为他的失败感到悲哀，为他的衰落感到伤心，侮辱他的名声，羞辱他的祖宗，通过这种方式来刺激弱者奋起。如果胜者听到自己的功劳与威势，一味地进攻而不知退，弱者听到己方失败，受到损伤，反而会强大实力，倍增力量，拼死抵抗，那么结果也许会改变。无论对方的势力和威力有多强大，我们的防御也会更加强大，皆可胁迫吞并它。

缀去者，谓缀己之系言，使有余思也①。故接贞信者，称其行，厉其志，言为可复，会之期喜②。以他人庶引验以结往，明款款而去之③。

【注释】

①"缀去者"三句：陶弘景注："系，属也，谓己令去，而欲缀其所属之言，令后思而同也。"缀去，系连去者。缀己之系言，意谓用语言来系连对方，让对方即使离开也缀连着自己。

②"故接贞信者"五句：按，此言缀结贞信之人的方法。陶弘景注："欲令去后有思，故接贞信之人，称其行之盛美，厉其志令不怠，谓此美行必可常为，必可报复，会通其人，必令至于喜悦也。"

③以他人庶引验以结往，明款款而去之：按，此言缀去术之"去"时，如何做缀结。陶弘景注："言既称行厉志，令其喜悦，然后以他人庶几于此行者，引之以为成，验以结己往之心，又明己款款至诚如是而去之，必思己而不忘也。"庶，也许可以，表示揣测和希望。款款而去，依依不舍而离去。

【译文】

缀去之术，旨在用言语连缀将离开之人，使他心里时刻不忘自己。所以要交接诚信的人，就要称赞他们的言行，勉励他们的志向，言辞中流露出希望他们回来，表达出再次相会的喜悦之情。引证过去别人这样做已经成功的案例，希望对方能够明白将来仍能与自己保持密切关系，然后在他离开时，自己明白表示出依依不舍的样子。

却语者，察伺短也①。故言多必有数短之处，识其短，验之②。动以忌讳，示以时禁③。其人恐畏，然后结信，以安其心，收语盖藏而却之④。无见己之所不能于多方之人⑤。

【注释】

①却语者，察伺短也：按，此言却语术运用的关键。陶弘景注："言却语之道，必察伺彼短也。"却，间隙。却语，即有缺陷的言语。察伺，观察，发觉。

②"故言多必有数短之处"三句：按，却语之术，是善于发觉别人言语的缺陷或漏洞，利用它来为自己服务。所以使用此术，关键是要发现对方的缺陷。陶弘景注："言多不能无短，既察其短，必记识之，取验以明也。"验，检验，考察。

③动以忌讳，示以时禁：陶弘景注："既验其短，则以忌讳动之，时禁示之。"动以忌讳，用犯忌讳的事来触动他。示以时禁，用当时的禁令来明示给他。

④"其人恐畏"四句：按，此言先摄以畏惧，后收以诚信以安其心，示恩威于对方。陶弘景注："其人既以怀惧，必有求服之情，然后结以诚信，以安其惧，以收其向语，盖藏而却之，则其人之恩感，固以深矣。"收语，收住话头，不再继续往下说。盖藏，遮盖掩藏。却，退出。

⑤无见己之所不能于多方之人：按，此言用却语术之注意事项。陶弘景注："既藏向语，又戒之曰：勿于多方人前，见其所不能也。"见，同"现"。多方，知识经验丰富的人。

【译文】

却语之术，是善于发觉别人言语的缺陷或漏洞，利用它来为自己服务。所以话语多了，必定有很多缺陷，发觉其中的短处，并加以考察。可以指出他犯了忌讳，这样来触动他，也可以明白指出他违反了当时的某个禁令。等对方恐惧害怕的时候，然后以诚信来结交他，让他安心，同时要收住话头，把刚才使用的却语之术收藏起来，慢慢地退出不再使用了。使用却语之术要注意，不要把自己不能做的，也就是己方的缺陷，显露给有见识的人。

摄心者，谓逢好学伎术者，则为之称远①。方验之道，惊以奇怪，人系其心于己②。效之于人，验去，乱其前，吾归诚于己③。遭淫酒色者，为之术；音乐动之，以为必死，生日少之忧④。喜以自所不见之事，终可以观漫澜之命，使有后会⑤。

【注释】

①"摄心者"三句：按，此句交代摄心术之使用对象。陶弘景注："欲将摄取彼心，见其好学伎术，则为作声誉，令远近知之也。"摄心，摄取人心，收买赢得人心。逢，遇，遭到。伎术，技艺道术。称远，称扬其名，使之远播。

②"方验之道"三句：意谓用本身所知晓的道艺来验证他的所学，对他的奇特所长表示惊叹，他就会把他的心意系属在你身上。陶弘景注："既为作声誉，方且以道验其伎术，又以奇怪从而惊动之。如此，则彼人必系其心于己也。"

③"效之于人"四句：按，此言收服人心之法。陶弘景注："人既系心于己，又效之于时人，验之于往贤，然后更理其目前所为，谓之曰：吾所以然者，归诚于彼人之已。如此，则贤人之心可得，而摄乱者，理也。"效，征验。乱其前，意谓将他的技术整齐摆放在众人面前。乱，治。

④"遭淫酒色者"五句：意谓对贪恋酒色的人，用摄心之术的做法，即以音乐打动他，让他以为这样做，结局是必死，使其因忧愁而醒悟。陶弘景注："言将欲探愚人之心，见淫酒色者，为之术；音乐之可说，又以过于酒色，必之死地，生日减少，以此可忧之事，以感动之也。"

⑤"喜以自所不见之事"三句：意谓再用对方看不见的事情来让他高兴，让他最终感受到生活中灿烂的生

命价值，然后醒悟。陶弘景注："又以音乐之事，彼所不见者，以喜悦之言，终以可观，何必淫于酒色。若能好此，则性命漫澜而无极，终会于永年。愚人非可以道胜说，故惟音乐可以探其心。"喜，以……为喜。漫澜之命，灿烂的生命。会，会心，体悟。

【译文】

摄心之术，就是收买人心的方法。遇到爱好技艺或道术的人，称赞他们的技艺和道术，使他们的名声远播。自己再用本身所知晓的道术来验证他的所学，对他的奇特所长表示惊叹，他就会把他的心意系属在自己身上。然后，再把他的特长放在别人面前验证，并用他过去使用过的技术获得成功作为案例，摆在众人面前，他就会更加诚心地归属于你。遇到贪恋酒色的人，就要使用摄心之术的做法，用音乐扰动他，让他以为这样做必然会死，活着的日子已经不多了。然后再用对方看不见的事情来让他高兴，让他最终感受到生活中灿烂的生命价值，然后有所体悟。

守义者，谓守以人义，探其在内以合也①。探心，深得其主也，从外制内，事有系曲而随之②。故小人比人，则左道而用之，至能败家夺国③。非贤智，不能守家以义，不能守国以道④。圣人所贵道微妙者，诚以其可以转危为安，救亡使存也。

【注释】

①"守义者"三句：按，此言守义之术，意思是谨守

仁义，以符合社会合宜之行为，探取对方内心，再迎合他，然后控制他。陶弘景注："义，宜也。探其内心，随其人所宜，遂所欲以合之也。"守义，谨守做人的道义。人义，仁义。

②事有系曲而随之：让对方因有事求于我，而委曲于我。陶弘景注："既探知其心，所以得主深也。得心既深，故能从外制内。内由我制，则何事不行。故事有所属，莫不由曲而随己也。"

③"故小人比人"三句：意谓小人以利与人结交，不是用仁义而用旁门左道来迎合对方内心，以至于导致其国破家亡。陶弘景注："小人以探心之术来比于君子，必以左道用权。凡事非公正者，皆由小人反道乱常、害贤伐善，所用者左，所违者公，百度昏亡，万机旷紊，家败国夺，不亦宜乎！"比，以利与人结交。左道，旁门左道，邪门歪道。

④道：陶弘景注："道，谓中经之道也。"

【译文】

所谓守义之术，就是谨守做人的道义。谨守仁义，探取对方内心，再迎合他。刺探其内心，得到他内心的真实意图，然后可以从外控制他的内心，让对方因有事求于我，而委曲于我。而小人以利与人结交，不是用仁义而用旁门左道来迎合对方的内心，以至于导致对方国破家亡。不是贤能智慧的人，不能用义来守家，不能用道来治国。圣人之所以尊重微妙的道义，是因为道义确实能够使家庭和国家转危为安，救亡图存。